ANTONIN ROQUES

LÉGENDES
ET
DOÏNES

Chants Populaires Roumains,

D'APRÈS LES RECUEILS

DE M. B. ALEXANDRI

QUATRIÈME ÉDITION

PARIS
ALPHONSE LEMERRE, ÉDITEUR
27-31, PASSAGE CHOISEUL, 27-31
M DCCC LXXIX

PETITE BIBLIOTHÈQUE
LITTÉRAIRE
(AUTEURS CONTEMPORAINS)

Volumes petit in-12 (format des Elzévirs) imprimés sur papier vélin teinté.
Chaque volume : 5 fr. ou 6 fr.

Chaque œuvre est ornée d'un portrait gravé à l'eau-forte

ANTHOLOGIE DES POÈTES FRANÇAIS depuis le XVe siècle jusqu'à nos jours, 1 volume	6 fr.
*ANTHOLOGIE DES PROSATEURS FRANÇAIS depuis le XIIe siècle jusqu'à nos jours, 1 volume	6 fr.
*BARBEY D'AUREVILLY, L'Ensorcelée, 1 volume	6 fr.
— Une Vieille Maîtresse, 2 volumes	10 fr.
7 Eaux-fortes dessinées et gravées par FÉLIX BUHOT, pour illustrer l'*Ensorcelée*, Prix	10 fr.
*THÉODORE DE BANVILLE, Idylles prussiennes, 1 volume	5 fr.
— Les Stalactites, 1 volume	5 fr.
— Odes funambulesques, 1 volume	6 fr.
— Le Sang de la coupe, 1 volume	6 fr.
— Les Exilés, 1 volume	6 fr.
— Occidentales, 1 volume	6 fr.
— Les Cariatides, 1 volume	6 fr.
— Théâtre, 1 volume	6 fr.
*AUGUSTE BRIZEUX, Poésies : Marie, — Télen Arvor, — Furnez Breiz, 1 volume	5 fr.
— Les Bretons, 1 volume	5 fr.
— Histoires poétiques, 2 volumes	10 fr.
CHATEAUBRIAND, Atala, René, le Dernier Abencerage, avec notices et notes par ANATOLE FRANCE, 1 volume	6 fr.
*ANDRÉ CHÉNIER. Poésies complètes, 3 volumes	18 fr.
*FRANÇOIS COPPÉE. Poésies (1864-1869), 1 volume	5 fr.
— Théâtre (1869-1872), 1 volume	5 fr.
— Poésies (1869-1874), 1 volume	5 fr.
PAUL-LOUIS COURIER. — Œuvres, avec une notice et des notes par M. FR. DE CAUSSADE. 5 volumes. Chaque volume	6 fr.
(Le premier volume est en vente).	
*GUSTAVE FLAUBERT. Mme Bovary, 2 volumes	10 fr.
7 Eaux-fortes dessinées et gravées par BOILVIN, pour illustrer Mme Bovary, Prix	12 fr.
*EDMOND ET JULES DE GONCOURT. Renée Mauperin, 1 volume	6 fr.
— Sœur Philomène, 1 volume	6 fr.
— Germinie Lacerteux, 1 vol.	6 fr.
*LÉON GOZLAN. Aristide Froissart, 1 volume	6 fr.
— Polydore Marasquin, etc, 1 volume	6 fr.
*VICTOR HUGO. Poésies, 10 volumes ; chaque volume	6 fr.
— Théâtre, 4 volumes ; chaque volume	6 fr.
VICTOR DE LAPRADE, Psyché, Odes, Harmodius, 1 volume	6 fr.
— Les Symphonies, Idylles héroïques, 1 volume	6 fr.
LECONTE DE LISLE. Poèmes barbares. Nouvelle édition considérablement augmentée, 1 volume	6 fr.
JULES DE LA MADELÈNE. Le Marquis des Saffras, 1 volume	6 fr.

Il est fait un tirage de cette collection sur papier de Hollande, sur papier Whatman et sur papier de Chine.

Imp. A. DERENNE, Mayenne. — Paris, boul. Saint-Michel, 52.

LÉGENDES

ET

DOÏNES

OUVRAGES DU MÊME AUTEUR

MONDE ET PATRIE, poèmes.
LES NUÉES BLANCHES, poésies.
LE NOUVEAU LIVRE DE LA SAGESSE.
LA MORT DE CONSTANTIN BRANCOVAN ⎫
LA ROUMANIE DÉLIVRÉE, ⎪
HÉLÈNE, ⎬ drames.
LA PRINCESSE EMMA, ⎪
LA DUCHESSE DE CHATEAUROUX, ⎪
LE MIRACLE D'UNE MÈRE, ⎭
LE MARIAGE D'EDOUARD, ⎫
DUPES ET FRIPONS, ⎬ comédies.
LES MARIS EN FUITE, ⎭

ANTONIN ROQUES

LÉGENDES
ET
DOÏNES

Chants Populaires Roumains,

D'APRÈS LES RECUEILS

DE M. B. ALEXANDRI

QUATRIÈME ÉDITION

PARIS
ALPHONSE LEMERRE, ÉDITEUR
27-31, PASSAGE CHOISEUL, 27-31
M DCCC LXXIX

PRÉFACE

Les Chants populaires roumains, œuvre collective de divers groupes cycliques de poètes anonymes, ne le cèdent, ni en quantité ni en mérite, aux productions identiques des peuples les plus riches dans ce genre de littérature.

Ces chants, depuis longtemps épars dans les districts moldo-valaques, s'y transmettaient de génération en génération, plus ou moins mutilés, plus ou moins refaits à l'image de la fantaisie populaire. Nombreuses étaient les altérations qu'ils avaient subies, lorsque, vers 1847, le charmant poète moldave, M. Basile Alexandri, alors encore tout jeune homme, animé d'un zèle vraiment patriotique, se mit à la recherche de ces reliques nationales, les recueillit une à une, de village en village, sur les lèvres des bergers et des jeunes paysannes, les restaura avec autant de soin que d'intelligence, et en publia plus tard deux éditions simultanées, l'une de luxe, l'autre populaire, sous les auspices de la Princesse Régnante, cette bonne fée des arts et des lettres, dans son beau pays de la Roumanie.

Les poèmes, dont se composent les deux premiers tiers de ce volume, parvenu à sa 4ᵉ édition réelle, sont la fleur de cette magnifique collection. Ce n'est ni de la traduction, ni de l'imitation ; c'est de l'assimilation, seul moyen, à mon avis, de reproduire, sans les amoindrir, les poésies essentiellement nationales.

L'assimilation est, en effet, une création sur une création.

C'est l'art de faire ce que fait Homère, qui convertit en or tout ce qu'il touche, *selon l'expression de Boileau. C'est aussi l'art de rendre sien ce que l'on emprunte à autrui, comme faisaient Molière, Racine, La Fontaine et le grand Corneille lui-même, notamment dans son admirable cinquième acte de* Cinna, *dont les principales idées appartiennent au traité :* « De Clementia » *de Sénèque.*

Mais autant ce moyen de reproduction est supérieur à la simple traduction et à l'imitation, autant il exige cette supériorité intuitive et créatrice, faculté maîtresse qui constitue le poète, et que nul ne demande au traducteur ni à l'imitateur.

Pour ne pas m'engager ici dans une de ces théories littéraires qui bien souvent ne font plaisir qu'à ceux qui les imaginent, voici, pour ce qui me regarde, de quelle manière j'ai procédé dans mes assimilations :

Persuadé qu'il fallait, avant tout, me pénétrer intimement des circonstances de temps et de lieu, des passions individuelles ou nationales, des sentiments religieux ou politiques, qui avaient dû présider à la naissance des Chants roumains, que j'avais choisis, pour les faire revivre dans notre langue ; je me suis résolu à visiter, tour à tour, les plus beaux sites de la Roumanie, dont je m'étais fait comme une seconde patrie, après l'attentat du 2 Décembre, tantôt lisant et relisant ses poètes anonymes, sur le théâtre même de leurs inspirations ; tantôt écoutant les échos sonores de ses montagnes et de ses vallées, le bruit de ses torrents, aux blanches cascades, les voix mystérieuses de ses forêts vierges, les cantilènes de ses bergers, les chants de ses oiseaux, rassasiant mes yeux de toute cette couleur locale si pittoresque, enivrant mon âme de toute cette poésie d'une nature splendide, grandiose et charmante.

Ainsi préparé à la lutte poétique que je m'étais imposée, je me suis mis à l'ouvrage, et j'ai composé des poèmes français avec des sentiments roumains, sans me préoccuper du texte national, autrement que comme d'un canevas; remaniant, coordonnant, ajoutant, retranchant, faisant, en un mot, ce que je présumais qu'auraient fait les poètes, que je m'efforçais de m'assimiler, s'ils avaient eu à leur disposition la merveilleuse langue de Victor Hugo, au lieu de l'idiome moldo-valaque, aussi imparfait sans doute, à ces époques reculées, que la langue même de Joinville et de Villon.

A coup sûr, je m'y serais pris autrement, — et ma tâche aurait été incomparablement plus facile, — si, au lieu de prétendre faire quelque chose de vivant, je n'avais voulu que reproduire la lettre morte. Mais encore une fois, je ne l'ai pas voulu. N'en déplaise à ceux que les Italiens appellent si justement Traditori, et qui, sous prétexte de fidélité extrême, commettent, de parti pris, l'extrême infidélité d'un mot à mot impossible ou absurde.

L'accueil qu'un public d'élite, — le seul qui lise encore des vers, — et la Jeunesse roumaine ont fait aux Légendes et Doïnes, a donné raison à mon système, et les quelques journaux qui ne les ont pas laissé passer inaperçues, ont été hautement de mon avis. Témoin ces lignes du Journal des Débats du 24 novembre 1875 : « M. Antonin Roques, en développant le canevas que lui offraient les Chants roumains, *nous a donné une œuvre singulièrement originale, qui a conservé, en passant dans notre langue, son caractère propre, et si l'on nous permet la vulgarité de l'expression, la saveur même du cru.*

Les Légendes et Doïnes, dans leur forme française, sont de vrais monuments de Littérature roumaine, qui intéresseront presque autant les géographes et les hommes politiques que les simples amateurs de poésie. » (Ch. Gabriel).

Témoin aussi cette phrase d'un autre critique M. G. B. : « *Toutes ces pièces sont sobres, bien composées, vaillamment conduites, habilement dénouées, et je défie le lecteur le plus ennuyé de s'ennuyer à cette lecture.* »

Je pourrais ajouter à ces brèves explications de longs développements sur les poésies populaires roumaines, mais ce travail a été fait depuis longtemps par M. Ubicini, dans une remarquable préface, placée en tête de la traduction littérale de Quelques chants moldo-valaques, *par feu le colonel Voïnesco. Nous renvoyons donc le lecteur à cette étude aussi instructive qu'intéressante.*

Le poème antique, Un Caprice de Vénus, *qui vient après les* Doïnes, *étant une inspiration personnelle, je n'ai rien à en dire, c'est l'affaire des critiques, assez dévoués à l'art, pour lire encore des alexandrins.*

Quant au Discours-Conférence *sur l'histoire roumaine, discours déjà plusieurs fois publié à Bucarest, je l'insère ici, parce que la Jeunesse roumaine a témoigné, pour ces pages, une prédilection particulière, et pour que ce volume soit tout entier consacré à la Roumanie.*

A. R.

LÉGENDES ET DOÏNES

ROUMAINES.

ORIGINE DES VERS

Non loin du Gange, au fond d'une immense forêt,
Un jour, seul, à pas lents, un beau jeune homme errait,
En prononçant un nom, dont l'harmonie antique
Résonnait sur sa lèvre en merveilleux cantique ;
Comme, l'extase au front, sans fin, avec amour,
Il répétait le nom magique, et qu'à l'entour,
Les échos le chantaient d'une voix cadencée ;
Tout-à-coup, à ses pieds, mortellement blessée,
Une jeune colombe au plumage d'azur,
Vint à tomber, le col inondé d'un sang pur.

En sanglots éplorés, son cœur, à cette vue,
Se soulevant soudain dans sa poitrine émue,
Sa poitrine imita, s'enflant et s'abaissant,
Les palpitations du pauvre oiseau mourant,
Et, modulée ainsi, cette touchante plainte,
De la langue des vers fut l'origine sainte.
Le beau jeune amoureux, de l'objet adoré
Sur des rhythmes nouveaux chanta le nom sacré ;
Et ce chant, tout empreint d'une grâce suprême,
Des Indiens ravis fut le premier poème.

LA CATHÉDRALE D'ARGIS [1]

I

Le grand prince dont le génie
A restauré la Roumanie,
Rodolphe [2] veut bâtir à Dieu
Un temple tel qu'en aucun lieu,
Depuis qu'au ciel il fait sa ronde,
Distribuant la vie au monde,
Jamais, dans son cours, le soleil
N'ait vu, ni doré son pareil.

Maître Manol, que nul n'égale
Dans l'art d'élever jusqu'aux cieux,
D'une splendide cathédrale
Le monument audacieux ;
Manol, autour de qui se groupe
De bruns maçons nombreuse troupe,
Le long de l'Argis a suivi
Le prince qui, d'un œil ravi,

---

[1]. Nom d'une ville et d'une rivière roumaines.
[2]. Rodolphe-le-Noir, premier prince roumain.

Lui montre un site qu'il contemple ;
Puis frappant du pied : « C'est ici,
Maître, le lieu que j'ai choisi.
Sur ce terrain bâtis mon temple. »
Le Maître s'incline, et soudain
A l'œuvre sainte met la main,
Distribue à chacun sa tâche ;
Et chacun, docile à sa voix,
Polit ou le marbre, ou le bois.
Du matin au soir, sans relâche,
Par la vallée et le coteau
On n'entend que hache et marteau.
Vite, vite marche l'ouvrage :
Les maçons à l'envi font rage ;
Aucun bras ne chôme. Manol,
Déjà, de la princière église
Fier, voit le mur sortant du sol,
Monter, assise par assise.

Le soir venu, les ouvriers,
Jetant truelle et tabliers,
Regagnent leurs pauvres chaumines,
En chantant de vieilles *doïnes* ; [1]
Et, par le baiser du retour,
Vont réjouir, chacun, leur femme,
Dont, par mille doux soins, l'amour,
Comme à leurs corps, verse à leur âme
L'oubli des fatigues du jour.

1. Sorte de chansons élégiaques.

Cependant à l'aube vermeille,
Comme ils s'en viennent vaillamment,
Reprendre l'œuvre de la veille,
Quel n'est point leur saisissement,
Lorsque de la muraille altière
Qui, hier leur semblait devoir
Des siècles braver le pouvoir,
Ils ne voient plus pierre sur pierre ?

Manol n'en peut croire ses yeux :
Comment s'expliquer ce prodige ?
D'abord, comme atteint de vertige,
Il interroge terre et cieux.
Puis saisissant une truelle,
Il donne l'exemple ; et maçons,
Anciens ou nouveaux compagnons,
De recommencer de plus belle.
Le mur, avant le jour détruit,
Avant le soir est reconstruit.
Vains efforts ! la nouvelle aurore
Par terre le retrouve encore !
Quatre fois bâti de nouveau,
Toujours plus épais et plus beau,
Quatre fois l'aube matinale,
Sous une influence fatale,
Le montre à Manol désolé
Jusqu'aux fondements écroulé.

II

Une semaine ainsi se passe.
Cependant le prince irrité
Vient, sur un grand cheval monté,
Et profère cette menace.
« Manol, et vous ses compagnons,
Faux architecte et faux maçons !
Je vous le jure sur ma tête,
Si ma cathédrale n'est faite
Au jour fixé, malheur à vous !
Je vous fais ici murer tous !....

Ainsi d'un ton bref et sévère,
Parle le Prince en sa colère.
Manol en pleure de fureur,
Tandis que, muets de terreur
Les yeux hagards, l'âme interdite,
Pâles, haletants et sans voix,
Les siens, pour la septième fois
Recommencent l'œuvre maudite.
Manol, les yeux de pleurs rougis,
Va s'asseoir au bord de l'Argis,
Au pied d'un arbre, sur la mousse,
Où l'air tiède, la brise douce,
Le rayon dans l'herbe endormi,
Par degrés d'un sommeil ami,
Sur sa paupière et dans son âme
Répandent le divin dictame.

Mais de ce sommeil apaisant
Qui fait oublier toute peine,
Une heure entière a-t-il à peine
Goûté le calme bienfaisant,
Qu'en sursaut soudain il se lève,
Et vers les travailleurs courant,
L'air effaré, l'œil fulgurant :
« Hola ! dit-il, qu'on fasse trêve
A tout labeur ! J'ai fait un rêve,
Et, dans ce rêve, — écoutez tous ! —
Voici ce qu'une voix pareille
A la grande voix du kobouz [1]
A fait entendre à mon oreille : »

— « Insensés ! apprenez qu'en vain
A ce mur votre orgueil s'obstine,
Et que, comme aujourd'hui, demain
Vous le trouverez en ruine.
Vous y travailleriez cent ans,
Vous le feriez de diamants,
Qu'il ne serait pas moins fragile
Que la branche morte, ou l'argile,
Et qu'en votre absence, sans bruit,
Il s'écroulera chaque nuit,
Jusqu'à ce que fermant votre âme
Au cri même de votre cœur,
Vous muriez au bas une femme,
De l'un de vous épouse ou sœur. »

[1] Espèce de flûte champêtre.

— « Donc, pour bâtir la cathédrale,
Qui doit s'élever sans rivale,
Parmi les plus beaux monuments,
Amis, qu'un même sort rassemble,
Jurons tout haut et tous ensemble,
De murer dans les fondements
La femme, qui, de sa chaumière,
Accourant ici, la première,
A l'un de nous viendra demain
Porter le repas du matin. »

Comme en un concert formidable,
Aussitôt, d'une seule voix,
Maître et compagnons à la fois,
Jurent le serment redoutable.
Mais, chacun, le soir, au retour,
Calculant, pensif, en soi-même ;
Le péril de celle qu'il aime,
Trahit sa foi pour son amour.
Seul, Manol, dont pourtant la femme
Est belle comme l'astre aimant,
Qui mêle un sourire charmant
A l'éclat d'une douce flamme,
Reste fidèle à son serment.

III

Le lendemain, avec courage,
Aux premiers rayons du matin,
Tous les compagnons, à l'ouvrage
Se remettent, le front serein;
Mais Manol, le visage pâle;
L'œil sinistre, le cœur navré,
Le geste bref, par intervalle,
Lève un regard désespéré.
Tantôt il se parle à voix basse,
Tantôt sa voix gronde et menace.
Enfin, d'un élan furieux,
Il monte sur l'échafaudage
Et regarde silencieux,
Les yeux tournés vers le village.

Qui donc, trottant à petits pas,
Comme dans les champs l'alouette,
Amphore au front, corbeille au bras,
Aux lèvres rire et chansonnette,
La jambe souple, le corps droit,
Par le sentier qui court étroit,
Le long des flancs de la colline,
Vers les travailleurs s'achemine ?
Manol, Manol ! c'est elle, hélas !
Elle qui pour toi seul respire ;
Florica, que contre un empire
Ton amour ne troquerait pas !

Comme elle accourt, leste et fleurie,
Son pied touche à peine le sol ;
Transi d'épouvante, Manol,
Sur ses genoux tombe et s'écrie :
« Seigneur, je n'ai d'espoir qu'en toi ;
Seigneur Dieu, prends pitié de moi !
Seigneur, dans ta bonté clémente,
Assemble les nuages noirs,
Et répands en pluie écumante
Le trésor de tes réservoirs. »

Le ciel, touché de sa prière,
Ouvre le trésor de ses eaux,
Et d'une trombe meurtrière,
Fait soudain tomber à pleins seaux,
Larges torrents, profonds ruisseaux,
Mais, loin de chercher un refuge,
Fleurette affronte ce déluge,
Et par mille savants détours,
D'un pied ferme avance toujours.

Manol, que ce spectacle oppresse,
S'écrie encor dans sa détresse :
« Seigneur, je n'ai d'espoir qu'en toi ;
Seigneur Dieu, prends pitié de moi !
Seigneur, dans ta bonté, déchaîne
Un de ces fougueux aquilons,
Qui sur les monts courbent le chêne
Comme l'herbe dans les vallons ;

Et de qui l'haleine plus forte
Que ma Fleurette et son grand cœur,
Au logis, d'un souffle vainqueur,
Comme une plume la remporte ! »

Le Ciel entend encor sa voix,
Et l'exauce encore une fois.
Aussitôt un vent se déchaîne,
Qui sur le mont et dans la plaine,
Déracine sapin et chêne ;
Mais, pensant à son cher Manol,
Fleurette se cramponne au sol,
Et, malgré l'effort de l'orage,
Son cœur soutenant son courage,
A force de tours, de détours,
Elle approche, approche toujours
Du but, où comme une araignée,
L'attend la sombre destinée.

Les maçons attentifs, voyant
Arriver cette belle proie,
Dans leur cœur tressaillent de joie,
Et se regardent en riant.
Mais, du haut de l'échafaudage,
Manol, comme un chevreuil sauvage,
Aux pieds de sa femme bondit,
Et l'embrassant deux fois, lui dit,

D'un air et d'une voix étrange :
« Viens, nous voulons jouer un peu,
Et, pour rire, dans notre jeu,
Nous allons te murer, mon ange.
Viens donc vite ; place-toi là,
Et tiens-toi bien ! comme cela,
Ma mie ! »... Et d'une main hâtive,
Autour de sa femme qui rit,
L'infortuné Manol bâtit,
Avec une ardeur convulsive.

Et le mur monte menaçant,
Et comme le flux va croissant,
Et de l'épouse qui s'alarme,
Jusqu'aux chevilles, tout entiers
Déjà couvre les petits pieds.
La pauvrette verse une larme,
Et crie : « Assez, Manol ! Assez, au nom de Dieu !
Si tu m'aimes, Manol, cesse ce vilain jeu. »

Mais absorbé dans sa pensée,
Manol, muet, tête baissée,
De sa tâche poursuit le cours :
Le mur monte, monte toujours !
Et resserrant sa dure trame,
Déjà comme un cercueil jaloux,
Couvre des pieds jusqu'aux genoux,
Puis jusqu'au sein la jeune femme,
Qui, de larmes versant des flots,
S'écrie à travers ses sanglots :

« Assez, Manol ! ce mur est froid ! il me fait mal !
Et je ne suis pas seule à souffrir ce martyre !
Mon sein pleure du lait ; notre enfançon expire !
Si tu m'aimes, Manol, cesse ce jeu fatal. »

    Mais Manol, au délire en proie,
    Point n'entend, ni ne s'apitoie ;
    Et toujours, d'un bras plus fiévreux,
    Bâtit le mur, qui monte, monte,
    Comme la vague à l'assaut prompte,
    Et dont le cercle douloureux,
    Tel qu'une épouvantable serre,
    Sur la victime se resserre,
    Et couvre son beau cou si rond,
    Sa joue et ses yeux et son front,
    Et cette blonde chevelure,
    Dont les tresses lui descendaient
    Bien au-dessous de la ceinture,
    Et sur ses reins souples flottaient,
    Comme une royale parure !...

    Qui l'eût pu croire, hélas ! hélas !
    C'est pourtant vrai qu'on l'a murée !
    C'est pourtant vrai qu'on l'a livrée
    Vivante, à cet affreux trépas,
    La pauvre colombe éplorée !
    Larmes et cris sont superflus !
    Le mur ne la lâchera plus !
    Cependant, à travers l'enceinte,

Du fond des humides parois,
On entend encore sa voix,
Sa voix si douce, presque éteinte,
Gémir sa lamentable plainte :

« Assez, Manol ! ce mur est froid ! il me fait mal !
Et je ne suis pas seule à souffrir ce martyre !
Mon sein pleure du lait ; notre enfançon expire !
Si tu m'aimes, Manol, cesse ce jeu fatal. »

IV

Il s'est accompli, l'affreux rêve,
Il a porté le fruit promis,
Le sacrifice aux dieux maudits !
Après quatre ans, quatre ans sans trêve
De travaux vraiment merveilleux,
Comme une reine vers les cieux,
La Cathédrale enfin élève
L'orgueil de son front radieux.
Et, certe, elle peut être fière
La splendide église princière ;
Car jamais homme, ni soleil
Ne virent chef-d'œuvre pareil.
Par une éclatante journée
Du mois qui met un vert manteau

Sur une robe d'hyménée
Au mont, à la plaine, au coteau,
Rodolphe, le grand chef de guerre,
Arrive, et mettant pied à terre,
Reste saisi d'étonnement,
A l'aspect du beau monument;
Ses yeux, du sommet à la base,
Le contemplent avec extase.
A voir son émerveillement,
On dirait que devant sa face,
Dans son éclat magique passe
L'esprit de l'Éblouissement.
L'orgueil soulevant sa poitrine,
Et rehaussant sa grande mine,
Il reste là comme enchaîné,
Ou comme au sol enraciné.
Enfin voyant au frontispice,
Manol qui, tout rayonnant d'heur,
Sur le toit du saint édifice
Arbore la croix du Sauveur :

« Ça, dit-il, de sa voix sonore,
Maître Manol, franc compagnon,
Grand architecte et grand maçon,
Peux-tu bien me bâtir encore,
Réponds avec sincérité,
Un monument dont la beauté
En ses perfections égale,
Ou surpasse ma cathédrale ? »

Manol met la main sur son cœur,
Et dit : « Je le puis, Monseigneur. »
Le Prince, l'index sur la bouche,
A ce mot qui le pique au vif,
Quelques moments reste pensif ;
Puis, avec un rire farouche :

« Qu'à l'instant on brise, dit-il,
L'échafaudage et les échelles,
Et que ce maçon si subtil,
Sur un nuage, ou sur des ailes,
Du haut du toit où le voilà,
Descende comme il l'entendra. »

Une lâche troupe exécute
L'ordre barbare à la minute ;
Mais, debout au rebord du toit,
Impassible, Manol le voit ;
Car il sait, par expérience,
Que son adresse et sa science
L'ont tiré de plus mauvais pas,
Et qu'elles ne lui faudront pas.

Aussitôt de ses mains habiles,
Avec des planchettes mobiles,
Qu'il amincit en un moment,
Autant que feuilles et dentelles,
Et qu'il ajuste adroitement,
L'architecte se fait des ailes.

Le nouveau chef-d'œuvre achevé,
Aussi parfait qu'il l'a rêvé,
Manol se l'adapte, et s'apprête,
Comme un fier aiglon à partir,
Lorsqu'un profond soupir l'arrête,
Et qu'à son cœur vient retentir
Une voix qui gémit et prie,
Et comme du tombeau lui crie :

« Assez, Manol ! ce mur est froid ! il me fait mal !
Et je ne suis pas seule à souffrir ce martyre !
Mon sein pleure du lait ! notre enfançon expire !
Si tu m'aimes, Manol, cesse ce jeu fatal. »

A cette voix triste et plaintive,
Qui dans son cœur brisé ravive
L'ardent aiguillon du remord,
Manol, plus pâle que la mort,
Des pieds à la tête frissonne,
Son sang se glace, un bruit nouveau
Bourdonne autour de son cerveau;
Dans son esprit qui tourbillonne,
La démence élit son manoir ;
Ses grands yeux regardent sans voir,
Et, dans une effroyable danse,
Tout, comme aux rondes du sabbat,
Quand le chœur infernal s'ébat,
Autour de lui tourne en cadence.

Et toujours, toujours il entend
La voix qui va se lamentant,
Et qui, toujours plus faible, prie,
Et comme du tombeau lui crie :

« Assez, Manol ! ce mur est froid ! il me fait mal !
Et je ne suis pas seule à souffrir ce martyre !
Mon sein pleure du lait ! notre enfançon expire !
Si tu m'aimes, Manol, cesse ce jeu fatal ! »

Il tombe enfin, dans son délire,
Le sublime artiste Manol !
Il tombe, et dans sa chute expire,
Même avant de toucher au sol.

V

Sa dépouille fut inhumée
Au pied du mur où tant de fois
Il avait entendu la voix
De sa Florica tant aimée.
A côté même du tombeau
Soudain une claire fontaine
Jaillit en murmurant ruisseau,
Dont l'onde est d'amertume pleine.

Ans sur ans depuis entassés,
Plus de six siècles sont passés,
Et d'âge en âge, en leur mémoire
Recueillant cette étrange histoire,
Legs vénéré des temps jadis,
Les Roumains des bords de l'Argis,
Dans leur simplesse primitive
Et leur crédulité naïve
Comme celle de l'âge d'or,
A tout venant content encor
Que cette amertume secrète
Provient des larmes de Fleurette.

On dit même que, de nos jours,
A minuit, on entend toujours
La voix de la victime sainte,
Répéter sa touchante plainte :

« Assez, Manol ! ce mur est froid ! il me fait mal !
Et je ne suis pas seule à souffrir ce martyre,
Mon sein pleure du lait ! notre enfançon expire !
Si tu m'aimes, Manol, cesse ce jeu fatal. »

BOGDAN

I

Entouré de boyards, de guerriers et d'hetmans,
Le héros, tant de fois fatal aux Musulmans,
Etienne [1], que jamais n'a trahi la victoire,
Sur son trône est assis, tout rayonnant de gloire.

Or, voilà que soudain, d'un éclat sans pareil,
La salle se remplit, comme si le soleil,
Précédé de longs flots de lumière dorée,
Dans toute sa splendeur avait fait son entrée.

Etait-ce le soleil, ou quelque astre inoui,
Descendu tout-à-coup dans ce monde ébloui ?
C'était Bogdan, le fils d'Etienne l'Invincible,
Le jeune homme à la taille élancée et flexible,
Vrai soleil de beauté, de jeunesse et d'honneur,
Qui se jetant aux pieds de son père et seigneur :
« O mon père ! dit-il, écoute-moi. Mon âme
S'est prise sans retour aux regards d'une femme ;

[1]. Etienne-le-Grand, père de Bogdan.

Souffre que je l'épouse, ou c'en est fait de moi.
Bien qu'elle n'ait l'honneur d'être fille de roi,
Et que le rénégat Litéan soit son père,
Elle est digne du plus beau trône de la terre :
Pure comme un rayon, douce comme un agneau,
Belle comme une fleur, vive comme un oiseau ;
L'étoile au ciel, le lis au val, la tourterelle
Qui boit à la fontaine, ont moins de grâce qu'elle. »

Etienne, souriant, embrasse l'amoureux,
Et lui dit : « Qu'il soit fait, mon fils, selon tes vœux. »
Puis se faisant ouvrir un coffre où, de Golconde,
S'entassent les trésors mêlés à ceux de l'onde,
Il lui remplit les mains de rubis éclatants,
De perles, de saphirs, tels qu'en ont les sultans,
De brillants aussi gros que ceux de cette aigrette,
Qui rayonne à leur front ainsi qu'une comète,
Et de tous ces joyaux qui sont à la beauté
Ce qu'est aux fleurs des champs la rosée en été.
Puis, par son ordre, on va prendre en ses écuries
Vingt chevaux aux harnais couverts de pierreries,
Et si prompts à franchir fleuves, plaines et monts,
Qu'on croit voir à leurs flancs les ailes des faucons.
Ayant comblé son fils bien-aimé de la sorte,
De cent guerriers d'élite il lui donne une escorte.

II

Bogdan et ses amis enfourchant leurs chevaux,
Partent à fond de train, et, par monts et par vaux,
Aux sons retentissants de ces vieilles fanfares,
Dont l'écho tant de fois fit pâlir les Tatares,
Ils vont, ils vont, ils vont!... La terre, sous leurs pas,
Chancelle ; l'ouragan ne les atteindrait pas.
A travers les rochers, les bois, la plaine nue,
Une semaine, un mois leur course continue.
A la trentième aurore, enfin, comme un géant,
Apparaît le manoir du riche Litéan.
Mais, debout au sommet de sa tour la plus haute,
Au lieu de s'en venir au-devant de son hôte,
Le Rénégat, avec un geste souverain,
Fait fermer du donjon le lourd portail d'airain,
Et puis, lorsque Bogdan déjà touche à la porte :
« Que celui-là, dit-il, de sa voix la plus forte,
Qui prétend avec nous aujourd'hui s'allier,
Et qu'on dit, entre tous, un hardi cavalier,
Nous prouve son audace à des marques certaines !
Qu'il franchisse ce mur, haut de quatre stingènes [1]. »

Il n'avait pas encore achevé que Bogdan
A son mourgo [2] fait prendre un incroyable élan,
Et le brave coursier, bien que tout blanc d'écume,
D'un bond franchit le mur, léger comme une plume.

1. La stingène, mesure roumaine, équivaut à la toise.
2. Cheval bai.

« Salut, beau-père ! » dit Bogdan, et de la main
Il ouvre à ses amis le vieux portail d'airain.
L'opulent Rénégat, riant dans sa moustache,
Au jeune audacieux réserve une autre tâche.
« Eh bien ! s'écria-t-il, que mon gendre futur,
Ainsi qu'il a franchi la hauteur de ce mur,
Franchisse ces ballots de draps, de cachemires,
Ces coffres-forts, bourrés de ducats et de lyres [1],
Et qu'il en soit le maître. »

Or, dans l'énorme cour,
Les ballots entassés montaient comme une tour
Si haute, qu'on eût dit que l'agile hirondelle
Pouvait seule en franchir l'immense pêle-mêle.
Sans hésiter pourtant, le brillant cavalier
S'élance par dessus, au pied de l'escalier,
Et s'inclinant avec une grâce héroïque,
« Salut à toi, dit-il, beau-père magnifique ! »
Puis s'adressant aux siens : « Amis et compagnons,
En frères partagez-vous ces brimborions. »

Le Rénégat, charmé de son gendre en lui-même,
Veut cependant tenter une épreuve suprême :
Il pénètre avec lui dans un appartement,
Où se tiennent debout en un groupe charmant,

---

1. Pièce d'or turque, valant 23 francs.

Trois vierges ou plutôt trois visions pareilles,
Trois déesses, trois lis, trois anges, trois merveilles ;
Mêmes traits, même port, même taille, même air,
Même pudeur, des yeux voilant l'ardent éclair,
Et refoulant au cœur l'émotion candide
Qui fait un livre ouvert d'un visage timide.
La stupéfaction et l'éblouissement
Arrêtent sur le seuil le jeune homme un moment.
Le riche Rénégat, témoin de son supplice,
Dans sa barbe touffue en rit avec malice ;
Puis, au groupe muet le menant par la main.
« Que celui-là, dit-il, de son ton souverain,
Qui prétend devenir le mari de ma fille,
La reconnaisse, et soit admis dans ma famille. »
Sur le tapis alors Bogdan jette un anneau,
Et l'œil en feu, tirant son glaive du fourreau :
« Que celle, cria-t-il, d'une voix courroucée,
Qui me fut devant Dieu promise et fiancée,
M'obéissant soudain, ainsi qu'elle le doit,
Ramasse cette bague et la passe à son doigt ;
Car mon sabre, en ma main, impatient, pétille,
Et demande à trancher un cou de jeune fille. »

La promise, à ces mots, ses beaux yeux embellis
Par les pleurs, et les traits par la terreur pâlis,
Comme une fleur des eaux que menace la vague,
Tombe sur ses genoux et ramasse la bague.
Bogdan, à cette vue, enchanté, triomphant,
S'élance, de baisers couvre la belle enfant,

Dont le visage prend tout l'éclat de la rose,
L'enlève dans ses bras, l'emporte, la dépose,
Comme une mère heureuse un enfant adoré,
Sur un lit de coussins, dans un radwan doré, [1]
Et repart avec elle escorté de beaux pages,
Et de ses cent guerriers, et de tant d'équipages,
De grands chars débordant de verdure et de fleurs,
Et de belles, chantant comme les anciens chœurs,
Qu'en se développant, de la tête à la queue,
La caravane avait la longueur d'une lieue.

III

Six semaines après, les fiancés poudreux,
Brisés du chemin, mais toujours plus amoureux,
Aux acclamations de la foule enivrée,
Faisaient au jour tombant une royale entrée,
Dans les murs du grand Prince, et dès le lendemain,
Cent cloches à l'envi célébraient leur hymen;
Hymen accompagné de fêtes sans pareilles,
Et l'on vit, ce jour-là, merveilles sur merveilles.

1. Sorte de voiture très-ancienne.

LE VOILE ET L'ANNEAU

1.

Il fut jadis un prince jeune et beau
Comme un beau jour au temps du renouveau ;
Un fils de Roi, loyal, tendre, sensible,
Et dont la taille, élégante et flexible,
Aurait vraiment passé par un anneau.

Tels et plus doux que les cheveux du saule,
Qui font au lac un voile si charmant,
De son cou brun jusque sur son épaule,
Ses cheveux noirs retombaient mollement.

De ses grands yeux, pur miroir de son âme,
Se répandait si merveilleuse flamme,
Qu'il ne pouvait les ouvrir sans charmer,
Et qu'il fallait, en les voyant, l'aimer.

Se promenant souvent dans la campagne,
Et ne prenant pour conseil que son cœur,
Il avait pris en secret pour compagne,
Une Roumaine au minois enchanteur,
Du vert bocage un rossignol chanteur,
Une Roumaine adorée à la ronde,
Maritzica, sur la colline blonde,
Comme une fleur au parfum sans pareil,
Épanouie aux rayons du soleil.

En grand oubli des hommes et des choses,
Oubli si doux dans la saison des roses,
Lorsque l'Amour vient fêter nos vingt ans,
Et nous fait croire aux éternels printemps,
Le couple heureux, enivré de lui-même,
Et sur la terre ayant trouvé le ciel,
De quelle ardeur, — Dieu sait ! — mordait à même
Dans les quartiers de sa *lune de miel*.

Comme à tous ceux qui battent la campagne,
En tête à tête, au fond d'une campagne,
Chaque quartier paraissait, à leurs yeux,
Non-seulement exquis, délicieux,
Mais aussi gros au moins qu'une montagne.
Ce qui faisait que l'un et l'autre amant
Disait tout bas, en son âme ravie,
Qu'ils pourraient vivre ainsi cent ans de vie,
Sans voir la fin d'un quartier seulement.

Sans dire, il va que ce raisonnement,
L'occasion, la mousse, l'herbe tendre
Et le grand air, tout naturellement,
— Tant pis pour qui ne pourra le comprendre, —
Multipliaient leur appétit charmant.

II

Hélas ! hélas ! le bonheur est un songe,
Songe divin dans un divin sommeil !
Une heure ou deux, le rêve se prolonge,
Puis le malheur vient sonner le réveil.

Un jour, c'était une belle journée ;
Jamais le ciel, depuis leur hyménée,
N'en avait eu pour eux d'autre couleur ;
Car ce n'est pas au ciel que du bonheur
Luit le soleil ; non, c'est dans notre cœur ; —
Voici qu'arrive au beau prince un message,
Qui, d'une affreuse et mortelle pâleur,
Fait se couvrir à l'instant son visage :
C'était un ordre, explicite, formel,
Ordre du roi, son seigneur et son père,
De retourner au giron paternel ;
Le menaçant de toute sa colère,
S'il différait, follement téméraire,
D'obtempérer, en toute humilité,
A son expresse et haute volonté.

Le jeune amant qui savait *Son Altesse*
Sujette à maint et maint coup de marteau,
Comme à peu près tous ceux de son espèce,
— Trop de pouvoir est fatal au cerveau, —
En un moment pesa dans sa pensée,
Tous les dangers qu'une lutte insensée
Ferait courir à celle dont l'amour
Était pour lui bien plus cher que le jour.

Étouffant donc le courroux qui l'enflamme,
Il dit devant les envoyés du roi :
« Maritzica, mon épouse, mon âme,
Jamais n'aurai d'autre femme que toi.
Mets à ton doigt ce gage de ma foi :
Quand tu verras, sous la rouille vorace,
De cet Anneau se ternir la surface,
Aux vains regrets, aux chagrins superflus,
Ferme ton cœur ; car je ne serai plus... »

« — Mon bien-aimé, mon amour, prends ce voile
Aux franges d'or ; quand cet or se fondra,
Du ciel soudain tombera mon étoile,
Et de souffrir mon âme cessera. »

Des plus doux mots le prince la console,
Et, s'arrachant à son étreinte folle,
Sur son cheval, jeune *mourgo*[1] fougueux,
Il part, suivi d'un cortége nombreux.

1. Cheval bai.

Le prince, après une course éperdue,
A travers champs, et par monts et par vaux,
Descend auprès d'une source perdue
Au fond d'un bois, dit le bois des Corbeaux.
C'était le soir, par une nuit sereine ;
Les astres d'or brillaient dans le ciel bleu ;
Ses compagnons, non loin de la fontaine.
De vieux bois mort s'allument un grand feu ;
Lui, le cœur gros de soupirs et d'alarmes,
A quelques pas à l'écart se plaçant,
De sa poitrine ôte le voile blanc,
Pour le couvrir de baisers et de larmes.

Malheur ! malheur ! sur le tissu fatal,
Rien ne restait du précieux métal !
En même temps une éclatante étoile
Tomba du ciel, en glissant sur le voile !...

Le prince, au cœur sentit un froid profond,
Et quelque chose éclata sous son front.
Son doux regard, plein de mélancolie,
Prit le sinistre éclat de la folie.
Ce n'était plus un vivant d'ici-bas !
Sur son cheval s'élançant, vrai fantôme,
Sans dire mot, il glissa sous le dôme
De la forêt, et revint sur ses pas.

A son aspect, les grands oiseaux funèbres,
Épouvantés, fuyaient dans les ténèbres.

Chemin faisant, voilà qu'à fond de train,
Vers lui s'avance un cavalier roumain :
— « Salut à toi, brave ! Quelle nouvelle
M'apportes-tu ? parle, parle-moi d'elle.
— Pour raconter, prince, de tels malheurs,
Ma voix expire, et je n'ai que des pleurs.
— Parle, te dis-je, en messager fidèle.
— J'obéis, prince. Après votre départ,
Les gens du roi, fondant de toute part,
Ont assiégé votre chère retraite.
— Et Maritza ? — Par la porte secrète,
Elle s'était sauvée, et dans les champs
Elle fuyait ; mais les lâches brigands,
De la tourelle apercevant leur proie,
Avec des cris de fureur et de joie,
Jusqu'au grand Puits, jusqu'à l'étang profond
L'ont poursuivie, et l'ont jetée au fond !... »

A ce récit qui l'accable et le tue,
Les yeux en pleurs, frappé du coup fatal,
Le prince dit, d'une voix abattue :
— « C'est bien. Au roi ramène mon cheval.
Si par hasard il t'interroge, frère,
Dis-lui que rien ne m'est plus sur la terre ;
Que, de ma femme en apprenant le sort,
Je suis parti pour l'étang de la mort ;
Et que là-bas, sur l'humide pelouse,
Je dors heureux auprès de mon épouse.
Le messager salua plein d'effroi,
Et sans retard alla trouver le roi.

III

Au lamentable et suprême message,
Le roi pâlit et changea de visage ;
Sur un cheval puis se précipitant,
Suivi des siens il courut à l'étang.

L'étang fouillé d'anse en anse, à la ronde,
Sous le linceul ténébreux de son onde,
Tout près du bord, parmi les lis des eaux,
Sur un grand lit d'herbes et de roseaux,
Des deux amants, jusqu'à la mort fidèles,
On retrouva les dépouilles mortelles.

Las ! dans les bras l'un de l'autre enlacés,
Qu'ils étaient beaux, les pauvres trépassés !
On aurait dit que leur beauté pâlie,
Était encor par la mort embellie !

D'habits pompeux coquettement parés,
On les coucha dans deux cercueils dorés,
D'où débordaient tant et tant de dentelles,
Et de brocart, parsemé d'immortelles,
Qu'à voir ainsi les deux pauvres enfants,
On aurait dit deux fiancés charmants,
Qui, dans l'éclat de leur riche parure,
Unis de cœur, et la main dans la main,
S'en vont partir, non pour la tombe obscure,
Mais pour l'église où les attend l'hymen.

A cet étrange et douloureux contraste
De mort, de deuil, de parure et de faste,
De tous les yeux les pleurs coulaient à flots ;
Les cœurs navrés éclataient en sanglots.

Une musique où la douleur se pâme,
Plaintive et triste, hélas ! à fendre l'âme,
Autour du lit funèbre des amants,
S'en vint pleurer ses airs les plus touchants.
Puis les cercueils et leur chère relique,
Parmi les cris d'un désespoir antique,
Sur un grand char, de larmes étoilé,
De huit chevaux de parade attelé,
Furent placés, et dans la ville entière
On les porta, promenade dernière,
Jusqu'à l'église où, par ordre royal,
— Il est, hélas ! des cœurs que rien ne touche, —
Les deux époux, même au lit sépulcral,
Furent privés de la commune couche.

Près du portail que, d'un rayon vermeil,
En se levant éclaire le soleil,
Du beau défunt la tombe fut creusée ;
Tandis qu'au coin de la porte opposée,
On enterrait tout embaumé de pleurs,
Le corps charmant de sa chère épousée,
Sous un berceau de verdure et de fleurs.

Or, de la tombe au levant exposée,
Un beau sapin cette nuit s'élança,
Qui, parvenu jusqu'au toit de l'église,
De son sommet, au souffle de la brise,
Vers le couchant ses rameaux balança.
La même nuit, ô surprise ! ô miracle !
De l'autre tombe un cep de vigne éclos,
Le long du mur s'élevant sans obstacle,
Vint au sapin marier ses rameaux.

Et tous les ans deux tourterelles blanches,
Vrai parangon de constante amitié,
Viennent depuis nicher parmi les branches
Du cep de vigne au sapin marié.

IV

Dieu, dont le souffle allume dans les âmes,
Le feu sacré des immortelles flammes,
Dieu tout-puissant ! de vos foudres vengeurs
Frappez, frappez ceux, dont les mains cruelles
Brisant les nœuds des amours les plus belles,
Brisent ainsi les pauvres jeunes cœurs.

GROUÉ GROZOVAN

I

Au bord de l'horizon à teinte bleue et rose,
Sur le vaste plateau dont, le Dniester arrose
Les flancs et les pieds verts perdus dans les roseaux,
Aux sereines splendeurs des étoiles flottantes,
Cette nuit, s'est dressée une cité de tentes,
Que l'on prendrait de loin pour de grands nids d'oiseaux.
Au centre de ce camp s'élève comme une aire,
Une tente plus grande, à forme circulaire,
Couverte d'une étoffe au reflet d'or changeant,
Et par les coins nouée à des poteaux d'argent.
A qui donc appartient cette tente splendide ?
Au puissant Ghiraï, le vieux khan intrépide,
Dont le front brille orné d'un superbe turban

De Tatars [1] aux yeux ronds une nombreuse troupe
Dans un morne silence, autour de lui se groupe,
Sur un large tapis de laine d'Astracan.
Tout auprès cependant gît un Roumain, un brave,
Par les pieds et les mains lié comme un esclave,
Ou comme un criminel tout chargé de forfaits,
Et qu'on livre au bourreau pour ses gestes et faits :
C'est Groué Grozovan [2], l'indomptable Moldave.
Seul contre cent, la nuit, dans le sommeil surpris,
Après dix ans et plus de courses vengeresses,
Au travers du grand steppe et des forêts traîtresses,
Comme un lion qu'au piège un vil chasseur a pris,
Le héros, de son sang va payer ses prouesses.
Deux Tatares lui font avec raffinement,
Mais sans tirer de lui ni plainte ni murmure,
Subir tous les degrés d'une affreuse torture ;
Deux autres, de sa mort préparent l'instrument [3] ;
Et toutefois Groué rit et chante gaîment,
Comme il chantait, jadis, au milieu des Moldaves,
Aux noces d'un ami, dans un festin de braves.

---

1. Les Orientaux disent Tatars et Tatares, et non Tartares.
2. Le Terrible.
3. Le pal.

II

Mais voilà qu'en pleurant, les voiles déchirés,
Et remplissant les airs de cris désespérés,
De femmes, dans la tente une troupe pénètre :
« Ghiraï ! Ghiraï ! notre seigneur et maître,
Disent-elles, bras droit de l'équité d'Allah !
Fais donc mourir enfin le ghiaour que voilà,
Ce Groué Grozovan, dont l'audace et la rage,
Par centaines nous ont réduites au veuvage,
Et livré, tour à tour, sous leurs coups meurtriers,
Aux baisers de la mort tes plus braves guerriers ;
Les meilleurs défenseurs de nos jeunes familles,
Et les chers jouvenceaux, fiancés de nos filles.
Eût-il un océan de sang, ce sang maudit,
Hélas ! ne paîrait pas celui qu'il répandit.
Qu'il meure donc ! qu'il meure ! et que de son supplice,
Et nos yeux et nos cœurs savourent le délice. »

Ainsi dans leur fureur elles parlent. Le Khan,
Soulevant ses sourcils, dont la longueur se joue
Comme un voile flottant de l'une à l'autre joue,
Entr'ouvre un œil sinistre et dit : « Hé ! Grozovan
Le Moldave, bandit fameux aux exploits rares,
As-tu vraiment tué, dis, beaucoup de Tatares ?
Parle sans vains détours, puisque, tu le sais bien,
Mon beau gars, à mentir tu ne gagneras rien.

— Eh bien! soit! Moi, Groué, bandit aux exploits rares,
Oui, Ghiraï, j'ai tué beaucoup de Tatares;
Oui, du Pruth au Volga, mon bras a massacré
Et fauché dans les rangs de ton peuple exécré!
Oui, j'ai pillé, brûlé, tué! Dans vos familles
J'ai fait veuve sur veuve, et réduit bien des filles
A garder, à huis clos, à perpétuité,
L'embarrassant trésor de leur virginité!

Mais ce ne sont pas là toutes mes représailles!...
Ah! vous venez chez nous semer les funérailles!
Ah! vous envahissez les terres du voisin!
Vous pillez, vous brûlez tout sur votre chemin,
Et vous vous figurez qu'on vous laissera faire
Sans rien dire, sans vous rendre guerre pour guerre,
Et sans venir frapper, un jour, à votre seuil,
Demandant sang pour sang, dent pour dent, œil pour œil!
C'est naïf! Apprends donc, Ghiraï, que ton frère
A péri sous mes coups; que j'ai séduit ta sœur,
Comme esclaves vendu tes filles et ta mère,
Dans un fort de Crimée étranglé ton vieux père,
Et jusqu'en ton harem pénétrant en vainqueur,
Fait pâmer sur mon sein les houris de ton cœur.
C'est ainsi qu'un Roumain répond à qui le brave;
C'est ainsi que se venge un enfant de Moldave!
Mais laisse, Ghiraï, ton lourd kangiar en paix.
Ainsi que j'ai vécu je mourrai, tu le sais.
Sois tranquille. Cent fois déjà dans mainte fête
Nous nous sommes, la mort et moi, vus, tête à tête.

Comme tout ce qui vit dans ce monde insensé,
De toute éternité je lui suis fiancé.
Qu'elle paraisse donc, cette amante jalouse,
Et devant le soleil en chantant je l'épouse !
Avant de consommer toutefois cet hymen,
Qui n'a point de divorce et point de lendemain,
Chrétien, je voudrais bien régler avec un pope
Le compte des péchés de ma vie interlope,
Et de lui recevoir le sauf-conduit qu'il faut
Pour être bienvenu du sultan de là-haut.
N'étant plus dès longtemps en état d'innocence,
Tu comprendras cela, toi, Ghiraï, je pense.
Donc, par vingt, ou cinquante, ou cent de tes mirzas [1],
Ordonne qu'on me mène au cloître de là-bas,
Où tantôt pour les uns et tantôt pour les autres,
Un moine à nous redit sans fin ses patenôtres.
Fais cela. Le Très-Haut aime l'homme clément,
Et son Esprit l'assiste à son dernier moment. »

Ainsi, devant la mort gardant tout son courage,
Du puissant Ghiraï Groué brave la rage,
Mais, requis d'un sursis de vengeance, au grand nom
De celui qui pardonne, à charge de pardon,
Le vieux Khan, dans son sein étouffe sa colère,
Et, du geste montrant au loin le monastère,
Où de la terre au ciel s'élève, nuit et jour,
Comme un encens pieux la voix de la prière :
« Qu'on conduise là-bas, dit-il, ce fier Ghiaour. »

[1] Nobles Tatares.

III

Entre deux rangs épais d'une escorte farouche
Qui l'entoure, l'injure et l'outrage à la bouche,
L'intrépide captif, souriant sous l'affront,
S'avance d'un pas ferme, et portant haut le front.
Tout à coup raidissant ses bras, forts comme un chêne,
Et sa large poitrine où bat un si grand cœur,
D'un surhumain effort il fait craquer sa chaîne,
Et foudroyant, pareil à l'archange vainqueur,
Deux fois, rapidement, de la droite il se signe,
Disant : « Aide, Seigneur, ton serviteur indigne. »
Puis sur le sabre nu d'un mirza s'élançant,
Il s'en empare, et tel qu'un lion rugissant,
Qui surprend au désert un troupeau de gazelles,
Disperse, d'un regard, ses gardiens infidèles.

L'escorte crie : « *Aman!* » et d'épouvante fou,
Chacun a déjà pris ses jambes à son cou.
Groué ne les poursuit point de ses railleries,
Mais du vieux Ghiraï gagnant les écuries,
Il y pénètre, essaie un, deux et vingt chevaux,
Tous superbes, et tous en beauté sans rivaux ;
Mais Groué les dédaigne et dit : « Le vieux Tatare
Doit avoir quelque chose encore de plus rare. »
Et devant cent coursiers dignes même du schah,
Passe, en faisant la moue ainsi qu'un padischah.

Soudain, d'un coin obscur part, comme un cri magique,
Un fier hennissement, dont l'éclat énergique
Fait tressaillir d'espoir le cœur de Grozovan.
« Allah ! c'est le cheval favori du vieux khan ! »
Groué, sur les deux yeux l'embrasse, le caresse,
Et l'enfourche, le front rayonnant d'allégresse.
Ils partent. Le cheval, léger comme le vent,
Qui glisse sur les flots d'une mer pacifique,
O Ghiraï ! devant ta tente magnifique,
Ramène en quatre bonds ton captif triomphant.
« Merci, Ghiraï ! dit Groué. Que le prophète
Te le rende ! Vraiment, c'est une belle bête
Que tu me donnes là ! Mais, va ! j'en aurai soin
Autant que de mes yeux ; et l'avoine, et le foin,
Et l'orge, et le blé vert, et l'herbe en la prairie,
Et la litière haute en la riche écurie,
Il aura tout, et tout préparé de ma main ;
Car son cheval est un frère pour un Roumain.
Et maintenant as-tu des faucons de l'Ukraine,
D'un pied assez léger, d'une assez longue haleine,
Pour m'atteindre, et montés par des vaillants d'un cœur
Assez fort, pour oser poursuivre la Terreur[1] ?
Eh bien ! appelle-les, lance-les sur ma route,
Et tu verras bientôt une belle déroute. »

Ainsi dit Grozovan, et le voilà qui part,
Ardent comme l'éclair, vibrant comme le dard,

---

1. Groza.

Qui vers le but marqué vole à travers l'espace.
Ghiraï qu'émerveille et confond tant d'audace,
Ordonne de courir après le fugitif,
Et de le ramener à ses pieds, mort ou vif.
Les mirzas aussitôt s'élancent sur la trace
De Groué; mais déjà sur son vaillant coursier,
Là-bas vole en chantant le joyeux cavalier;
Et c'est à peine, si, comme un écho sonore,
Aux oreilles du khan sa voix arrive encore.
Cependant aux hourrahs sauvages des Tatars,
Bientôt il se retourne, et les voyant épars
Dans la plaine, il revient sur eux; son cimeterre
Flamboie, et frappe, et tranche, et fait rouler à terre
Les têtes des païens, sous ses coups redoublés,
Comme la faulx aux champs les herbes et les blés.
Déjà trente mirzas gisent dans la poussière;
Le reste, par la fuite, à la main meurtrière
Se dérobe, et laissant là sa rouge moisson,
Le fier vainqueur reprend sa route et sa chanson.

IV

Après ces grands exploits, Grozovan, l'heureux brave,
L'aventurier hardi, le brigand chevalier,
De redresseur de torts quittant le beau métier,
Franchit le Pruth, et va dans son pays moldave,

Vivre en noble boyard, à tous hospitalier,
Fondant, pour racheter ses péchés, sur ses terres,
Ermitages, couvents, églises, monastères ;
Des boyards ses égaux à la ronde honoré,
Et de ses tenanciers comme un roi vénéré ;
Dotant et mariant dans les immenses salles
De ses nombreux castels, ses nombreuses vassales,
Et de tous leurs enfants parrain prédestiné,
Donnant douze pogons[1] à chaque nouveau-né.

1. Arpents.

HADGI NOVAK

I

Dans sa maison où rit la splendide abondance,
Où l'Hospitalité, sœur de la Providence,
Dit à tout voyageur : « Soyez le bienvenu. »
Pour la troisième fois des saints Lieux revenu,
Le vieil Hadgi [1] Novak, dont le doux regard brille,
Comme une étoile au fond de l'océan d'azur,
Et dont le cœur est bon comme le front est pur,
A pour un grand dîner réuni sa famille.

A voir ce beau vieillard, auguste et vénéré,
Dont les petits-enfants montent à la centaine,
Lorsque de cette garde il paraît entouré,
On dirait l'arbre-roi de la forêt lointaine.

---

1. Saint, épithète dont tout pèlerin a le droit de faire précéder son nom, à son retour de Jérusalem ou de La Mecque.

Aussi bien que cet arbre il porte ses cent ans ;
Sa barbe et ses cheveux, de blancheur éclatants,
A son visage font comme un cadre de gloire ;
Ses dents n'ont rien perdu de leur fraîcheur d'ivoire,
Et sa mâle vigueur rit des assauts du temps.

Rien qu'à le regarder, le vaillant patriarche,
Digne d'être choisi pour construire une autre arche,
Si nos crimes encore irritaient le Seigneur,
Au haut bout de la table où, de ses cent convives
S'escriment l'appétit et les langues naïves,
On se sent rajeunir et reprendre au bonheur.

Ses cent convives sont cinquante jeunes filles,
Comme de gais oiseaux, alertes et gentilles,
Et cinquante garçons, enfants de ses enfants,
Fiers comme des lions, légers comme des faons.
Or, sachant que c'est pain bénit pour la vieillesse,
De voir de jeunes fronts rayonner de liesse,
Garçons et filles font honneur, à qui mieux mieux,
Au superbe festin de l'aïeul radieux.
Et le vieillard sourit à la jeunesse blonde ;
Et les toasts, à l'envi répétés à la ronde,
Souhaitant que le ciel, du fleuve de ses jours,
Ainsi qu'aux anciens temps, entretienne le cours,
Dans le cristal limpide et la coupe vermeille
Font ruisseler l'or pur de la dive bouteille.

Pourtant, assis non loin du grand-père attentif,
A la commune joie un convive rétif
Ne mange, ni ne boit, mais gémit et soupire,
L'œil humide et rêveur, l'air distrait et marri,
Comme quelqu'un qu'oppresse, amour, ton doux martyre !
Du vieil Hadgi Novak c'est le blond favori,
Benjamin aux yeux noirs, dont la barbe se joue
En folâtre duvet, de l'une à l'autre joue.

« Qu'as-tu donc, mon Arslan, pour soupirer ainsi,
Quand tout autour de toi se réjouit ici ?
— O père ! dit l'enfant, en relevant la tête,
Je soupire et ne prends ma part d'aucune fête,
Parce que ma pensée et mon cœur, nuit et jour,
S'en vont où les attire un invincible amour,
Là-bas, là-bas, bien loin, du côté de l'aurore,
Au balcon d'un palais que baigne le Bosphore,
Où naguère apparut à mon œil enchanté
La fille du Kadi, la perle de beauté. »

— « Si c'est là, mon mignon, tout ce qui te tourmente,
Au lieu d'attendre ici que ton martyre augmente,
Fais comme à fait jadis ton grand-père Novak ;
Prends le meilleur de mes chevaux du Boudjiak [1],
Et fût-elle logée au-dessus de la lune,
Va, mon gars, conquérir ta belle, blonde ou brune. »

---

1. Le Boudjiak, renommé pour ses chevaux, est la partie basse de la Bessarabie.

Le jeune homme, à ces mots, se lève rougissant,
Pose aux mains du vieillard un baiser en passant,
Et court... Mais des chevaux, qui, dans les écuries
Piaffent, redemandant l'herbe et l'air des prairies,
Aucun ne lui convient. Enfin, dans l'ombre, au fond,
Il découvre, portant la blanche étoile au front,
Un poulain, tout vêtu de sa blanche crinière,
Qui n'a jamais du jour entrevu la lumière [1],
Et qui, sans s'arrêter, sur ses jambes d'acier,
Peut, vrai fils des *Sméi* [2], courir un an entier.

De ce trône vivant le jeune homme s'empare ;
Le fougueux Sméou pousse un fier hennissement.
Qui, de la plaine au mont, du mont au firmament,
Va retentir au loin, éclatante fanfare.

II

Est-ce bien un cheval avec son cavalier,
Ou n'est-ce pas plutôt une flèche qui passe,
Ou l'archange maudit qui glisse dans l'espace
Sur l'aile de l'éclair, son sinistre coursier ?

---

1. Selon une tradition locale, les chevaux élevés dans une complète obscurité, jusqu'à l'âge de trois ans, courent avec une vitesse merveilleuse.
2. Dragons.

Non, non ! c'est l'amoureux Arslan, qui, tout à l'heure,
Frappera, triomphant, aux portes de l'Eden
Où son âme et son cœur déjà sont à demeure.
Comme le paradis d'Ève c'est un jardin,
Plein de milliers de fleurs aux haleines divines,
Qui, de leur beau calice étalant les couleurs,
Semblent avec amour saluer les Kadines [1],
Et de Kadines qui semblent sourire aux fleurs.

« O fille du Kadi ! toi, dit le jeune brave,
Qu'un sultan serait fier de servir en esclave ;
Le fleuve de mes jours dans mon cœur s'est tari ;
Sans défense à la mort un mal secret me livre,
Mais, ô rose d'amour, dont la présence enivre,
Une fleur de ta main, et je serai guéri ! »

La fille du Kadi, dont cette voix connue
Fait monter jusqu'au front la pudeur ingénue,
Se penche, et de sa main cueille trois belles fleurs,
Mystérieux message aux parlantes couleurs.
Mais, ô déception ! ce n'est point elle-même,
C'est sa nourrice, vieille au long visage blême,
Qui porte au cavalier le talisman vainqueur.
Arslan, dissimulant le dépit de son cœur :

« O fille du Kadi, dit-il, fleur souveraine,
Que la rose et le lis avoûraient pour leur reine,
La fleur qui doit avoir tant de vertu pour moi,
Il faut que, de ta main, tu me la donnes, toi ! »

1. Dames turques.

La jeune fille alors, d'une main assurée,
Cueille un œillet splendide à la tête pourprée,
Puis avance, recule, et pleurant et riant,
Elle-même le porte enfin au suppliant.
Celui-ci tout à coup se penchant sur sa selle,
Entoure de son bras la taille de la belle,
Et, telle qu'un duvet de cygne ou de ramier,
L'enlève, et devant lui l'assied sur son coursier.

L'animal, comprenant que la capture est faite,
Tend ses jarrets nerveux, dresse sa fine tête,
Et, fier de son fardeau comme un trait prend l'essor;
Tandis que sur son cœur étreignant son trésor,
Arslan parle d'amour à sa chère conquête,
Et sur son cou de lis baise ses tresses d'or.

III

Cependant, à travers le jardin, la nourrice,
Avec des cris affreux court au kiosque isolé,
Où le Kadi, du khef[1] savourant le délice,
Aspire les parfums divins du narghilé.
« Malheur! crie, en entrant, le spectre échevelé,
Malheur à toi, Kadi! malheur à ta famille!
Un maudit, un ghiaour, vient d'enlever ta fille! »

---

1. Sorte de far-niente.

Le Kadi, qui rêvait en lui-même assoupi,
Orientalement sur ses pieds accroupi,
En sursaut réveillé par cette voix brutale,
Sur son vaste divan bondit comme une balle,
Et lançant son vieux fez au gland jadis doré,
Comme un prédicateur son gros bonnet carré :
« *Allah kérim !* dit-il ; l'aventure est nouvelle !
Qu'on m'amène à l'instant ma jument isabelle,
Et que je coure sus à ce ghiaour maudit,
A ce chien de chrétien ! » A peine avait-il dit,
Que la jument arrive et qu'il part, ventre à terre,
En pourfendant les airs de son grand cimeterre.

La jument, à vrai dire, était un animal,
Qui dans l'empire turc n'avait pas son égal,
Si docile à la voix, au signe, au moindre geste,
Et d'un trot si léger, et d'un galop si leste,
Qu'à la voir, les naseaux en feu, raser le sol,
D'un oiseau fantastique on aurait dit le vol.

Déjà les fugitifs, se croyant hors d'atteinte,
Aux plus doux entretiens s'abandonnaient sans crainte ;
Et juraient de s'aimer sans fin, et, tour à tour,
Scellaient de longs baisers, de longs serments d'amour ;
Lorsque, se retournant, la belle aux tresses blondes,
Vit poindre à l'horizon, dans la poudre volant,
Un tourbillon de feu, sur lui-même roulant,
Ainsi que dans l'éther doivent rouler les mondes.

« Alerte! cria-t-elle, ou nous sommes perdus! »
Et découvrant l'écrin de sa bouche vermeille,
De ses mignonnes dents elle mord à l'oreille
Le *Sméou*, qui hennit de honte et de courroux :
« O mon petit Sméou! ne m'en veux pas, dit-elle;
Mais prends pour nous sauver ton essor d'hirondelle,
Et tu seras traité désormais comme un roi!
Et tu ne recevras que caresses de moi! »

Le coursier, apaisé par la voix adorable,
Franchit en quelques bonds la steppe infranchissable,
Et, redoublant d'efforts, et d'ardeur, et d'élan,
Bientôt s'arrête au seuil du grand-père d'Arslan.

Mais, presque en même temps, sur sa jument sauvage,
Arrive le Kadi, pâle, écumant de rage,
Et, sur les amoureux résignés à leur sort,
Secouant les éclairs du glaive de la mort;
Lorsque, grave, imposant, la tête calme et haute,
D'Abraham même au front portant la majesté,
Le vieil Hadgi Novak paraît devant son hôte :
« Seigneur Kadi, dit-il, avec autorité,
Arrête, et souviens-toi de ces belles paroles;
Qu'on lit dans un poëte entre tous respecté :
« Des jeunes et des vieux différents sont les rôles :
« Sujets, de par leur âge, à mille entraînements,
« Les jeunes, querelleurs, vont semant la discorde,
« Mais sages, les vieux font les raccomodements.
« A tout péché d'amour, Kadi, miséricorde. »

LE PAUVRE SERBE

I

Dans Stamboul se promène un pauvre jeune Serbe :
Il est brave, bien fait, et de mine superbe ;
Mais pauvre comme Job sur son fumier couché.
Il porte cependant bonnet empanaché,
Et chemise de soie, et chausses d'écarlate,
Et sandales où l'or sur le velours éclate.
Royalement campé sur son léger coursier,
Mourgo[1] moldave, à l'œil de flamme, aux pieds d'acier,
Le beau Serbe parcourt la cité qu'il admire,
La splendide cité qui se baigne et se mire

1. Cheval bai.

Dans trois mers, dont les flots, à ses pieds, tour à tour,
Soupirent à l'envi les plus doux chants d'amour.
Quand le brave mourgo tire de sa poitrine
Un fier hennissement, de colline en colline[1],
Ce cri va retentir dans Stamboul réveillé ;
L'Osmanli nonchalant accourt émerveillé,
Et dit au cavalier en voyant la monture :
Hola hé ! beau Servien, veux-tu pas, d'aventure,
Vendre ce beau mourgo ? Je l'achèterai, moi,
Et je te le paîrai son poids d'or, sur ma foi !
— Je suis pauvre, il est vrai, comme on l'est en Servie ;
Mais, avant mon mourgo, Turc, je vendrai ma vie !
Des *Smèl*[2] merveilleux c'est un vrai rejeton :
Ses pieds sont plus légers que l'aile du faucon ;
Il dépasse l'éclair dans son sillon de flamme ;
Il égale en leur vol les désirs de mon âme ! »
La nièce du Sultan, la perle du harem,
Belle comme n'en eut jamais même Salem[3],
Voit le beau cavalier et du geste l'appelle :
« Enfant de la Servie, approche, lui dit-elle.
Tu me plais, ton mourgo me plaît ; c'est un trésor.
Tiens, reçois de ma main ce sac de sequins d'or :
Il t'en faudra beaucoup ! va, fais ferrer bien vite,
Avec des fers d'argent ton mourgo ; car l'élite
Des seigneurs Osmanlis court la bague demain ;
Et le prix du vainqueur, frère, sera ma main. »

---

1. On sait que Constantinople est bâtie, comme Rome, sur sept collines.
2. Animaux fabuleux, dragons.
3. Jérusalem.

— « O merveilleuse fleur de joie et de délice !
Demain on me verra le premier dans la lice :
Et mon cheval et moi, nous courrons, nous courrons
D'une si belle ardeur que nous triompherons. »
— « Ainsi le veuille Allah ! Car je sens que je t'aime !
Et je lis dans tes yeux humides que toi-même,
Tu t'es pris à m'aimer, et que c'est sans retour,
Et que tu donnerais ton sang pour ton amour !
Mais ils sont bien nombreux ceux qui, de cœur et d'âme,
Aspirent à l'honneur de me nommer leur femme !
Mais je tremble à penser que, parmi tes rivaux,
Il en sera plus d'un, frère, dont les chevaux,
Par leur maître élevés avec idolâtrie,
Courent comme les vents des déserts, leur patrie !
Il en est un surtout, un émir syrien,
Que je déteste, et dont le coursier nubien
Sauterait par-dessus le plus haut sycomore,
Et franchirait d'un bond la largeur du Bosphore. »
— « O rêve de mes nuits ! ô vision du cœur !
Puisque je te suis cher, va, je serai vainqueur !
Ne crains rien, mon amour ! car mon mourgo fidèle
A les traits d'un cheval, mais c'est une hirondelle ! »

Il dit, baise le bout d'une petite main,
Et disparaît, plus fier qu'un empereur romain.

II

En face de Stamboul, dans une vaste plaine
Que rafraîchit la mer de son humide haleine,
Jaloux de conquérir le prix impérial,
Vingt rivaux du combat attendent le signal.
Le signal est donné. Sous une riche tente,
Le Sultan du regard suit cette lutte ardente.
Allalah! Allalah! comme ils courent là-bas!
Le sabot des coursiers au sol ne touche pas:
Cavales du Liban, étalons de Syrie
Rivalisent d'élan et luttent de furie.
A regarder de loin ces cavaliers volants,
Aux costumes de soie et d'or étincelants,
Aux blancs burnous flottant au vent comme des voiles,
Aux splendides turbans, tout constellés d'étoiles,
On dirait volontiers un escadron des cieux,
En expédition dans nos terrestres lieux.

Sur la route pourtant la bruyante phalange
Déjà diversement dans sa course se range.
Le Syrien, d'un coup de son éperon d'or,
Soudain à son coursier fait prendre un tel essor,
Qu'il laisse de cent pas ses rivaux en arrière,
Et semble aux spectateurs tenir seul la carrière.

O nièce de Sultan ! malheur, malheur à vous !
C'est lui, le Syrien, qui sera votre époux !
Car sur son beau mourgo, le dernier dans l'arène,
Le Serbe, à pas comptés, nonchalamment se traîne.
A quoi donc songe-t-il, le bel insoucieux,
Et comment peut-il perdre un temps si précieux ?

Mais, tel qu'un fier lion dont on brise les chaînes,
Le mourgo fait un bond, un bond de sept stingènes [1] !
De ses pieds quatre éclairs en même temps ont lui ;
Déjà trente rivaux gisent derrière lui ;
Il dépasse le reste, et le Syrien blême,
Pendant qu'il se retourne, est distancé lui-même.
Son œil fauve s'enfonce et s'injecte de sang ;
En vain de son cheval il déchire le flanc,
En vain il le conjure, en vain il le caresse !
Désespérant enfin de vaincre par l'adresse,
Il recourt à la ruse et dit « : Serbe imprudent !
Ton cheval a perdu ses quatre fers d'argent. »

Pauvre Serbe ! il en croit le Syrien perfide ;
D'un bond il est à bas de son coursier rapide.
Les fers avec leurs clous sont aux pieds du cheval.
Rien n'y manque !... « O félon ! lâche et traître rival,
Tu paîras cher, dit-il, ta trahison insigne ! »
Et du brave mourgo flattant le cou de cygne,
Il l'enfourche, en criant d'une voix forte : « Allons ! »
Comme s'il eût senti des milliers d'aiguillons,

[1]. Toises.

Le généreux coursier bondit... ses naseaux fument,
Ses yeux lancent l'éclair et ses lèvres écument.
Il vole, il vole, il vole !... Aux yeux du cavalier,
La plaine semble fondre et se liquéfier.
En vain pour échapper au sort qui le menace,
Le Syrien aussi s'élance et fend l'espace.
Le Serbe atteint bientôt cet odieux rival ;
D'un coup de poing le jette aux pieds de son cheval,
Poursuit sa course, arrive, enlève avec prestesse
La bague, et la dépose aux pieds de *Sa Hautesse*,
Qui sourit gravement, et lui fait un accueil
A combler à la fois sa joie et son orgueil.

La nièce du Sultan, la belle jeune fille,
Qui, de son pavillon, à l'abri d'une grille,
A suivi le tournoi, du regard et du cœur,
S'en vient, pleine de grâce, au-devant du vainqueur.
Le Serbe, qui ne sait encor s'il veille ou rêve,
Veut tomber à ses pieds ; mais elle le relève,
L'inonde des plus doux parfums de l'Orient,
Le serre dans ses bras, et fière, et souriant,
Devant toute la cour, du beau Serbe jalouse,
Dans son appartement le conduit et l'épouse.

Comme chez les Sultans on l'a vu maintes fois,
Les fêtes de l'hymen durèrent tout un mois.

CHALGA

Sur la rive lointaine, où bleu comme à sa source,
Le Danube, enrichi de milliers de ruisseaux,
Mais ennuyé déjà des détours de sa course,
Se cache pour dormir au fond de ses roseaux;
Au pied d'une colline à la pente fleurie,
Et des vents abritée, est une bergerie.
Vaste et riche en troupeaux de choix, que nuit et jour,
Des pasteurs vigilants gardent avec amour,
Pour la belle Chalga, leur maîtresse, la veuve
A l'intrépide cœur, à la vaillante main,
La veuve d'un héros, qui, sur les bords du fleuve,
Mourut en combattant pour son pays roumain.

Les Heyduques voleurs, à la faveur de l'ombre,
Comme des loups qui vont, rôdant dans la nuit sombre,
Guetter, le nez au vent, le butin désiré,
Ont dans la bergerie, à minuit, pénétré.
  A leur tête est Caracatouche,
  Chercheur de nocturnes exploits,
  Qui, de bandits voit sous ses lois
  Marcher une horde farouche.

Les bergers de Chalga sont chargés de liens;
Dans leur rang, égorgés, gisent les pauvres chiens,
Et sous le fouet ardent qui s'élève et retombe,
    De chair emportant des lambeaux,
    Les pâtres, avec leurs troupeaux,
    Marchent ainsi qu'une hécatombe.

Le chef des bergers cependant
Au chef heyduque s'adressant :
« Capitaine Caracatouche,
Dit-il, que mon malheur te touche !
Si tu n'as pas un cœur d'airain,
S'il te reste dans les entrailles
Encore quelque chose d'humain;
Délivre-moi de ces ferrailles,
Qui, collant mes bras à mon dos,
Me brisent la chair et les os. »

La capture qu'il vient de faire,
Le rendant d'humeur débonnaire,
L'heyduque fait un signe aux siens,
Qui, du supplice des liens,
Affranchissent le pauvre hère.
Alors le pâtre ôtant soudain
Le *Boutchoum*[1] caché dans son sein,

[1] Long tuyau en bois de cerisier, dont les bergers tirent des sons, que l'on entend à plusieurs lieues de distance.

Le boutchoum, clairon des montagnes,
En tire des sons si touchants,
Que loin, bien loin, dans les campagnes,
Les fleurs des prés, les fleurs des champs,
Les feuilles des bois en frissonnent;
Que les eaux du fleuve en bouillonnent.
Et que de son grand lit les hôtes réveillés,
Pour la première fois, de leurs grottes profondes,
En troupeaux monstrueux, au-dessus de ses ondes,
Viennent s'ébattre émerveillés.

La jeune femme sans pareille,
Chalga l'Intrépide s'éveille,
A ce signal qui des bergers
Annonce les mortels dangers.
Comme un oiseau qu'on effarouche,
L'œil grand ouvert, le cou tendu,
Tout auprès, vers une autre couche,
Elle court d'un pied suspendu.

« N'entends-tu pas, mère chérie,
Du côté de la bergerie,
Comme un cri de cerf aux abois ?
Quelqu'un de nos bergers sans doute
Se sera perdu dans sa route,
Ou les Heyduques, ces corbeaux!
Fondant la nuit sur nos troupeaux,
Les auront tous mis en déroute. »

La vieille mère l'entendit,
Et souriant, lui répondit :

« Va, mon enfant, dormir tranquille;
A te tourmenter trop habile,
Tu t'inquiètes sans raison,
Du boutchoum on entend le son,
Chaque nuit, quand le berger rêve,
Et qu'en son cœur dolent se lève
Le souvenir de la maison. »

Mais à peine la bonne vieille
A-t-elle parlé, qu'à l'oreille
De Chalga retentit encor
La voix du lamentable cor,
Qui, multipliant son haleine,
Arrive toujours plus puissant,
Et se prolonge gémissant,
Comme la voix d'une âme en peine.
« Holà, serviteurs ! levez-vous !
Alerte ! vite qu'on me selle
Mon cheval au pas sûr et doux,
Mon cheval au vol d'hirondelle !
Car, pour un hardi coup de main,
Vers les Islaz[1], à l'instant même,
Chalga va se mettre en chemin.
Allons ! et me suive qui m'aime. »

---

1. Pâturages.

Chalga saute à cheval et vole vers l'Ister [1]
Qui déroule ses flots, large comme la mer,
   Et comme elle parsemé d'îles ;
Le cimeterre au poing, la poitrine en avant,
Elle court, elle court, la chevelure au vent,
   A travers les terrains mobiles.
Au boutchoum qui s'éteint en un glas douloureux,
Sa voix mâle répond par un cri généreux,
   Un cri de guerre et de vengeance,
Dont vingt échos au loin répètent la fureur,
Et qui jusqu'à l'Ister va glacer de terreur
   Caracatouche et son engeance.

Aussitôt, oubliant et pâtres et troupeaux,
Elle fuit, au grand trot de ses petits chevaux,
   Elle fuit, la horde barbare !
Mais Chalga caressant son *Graour* de la main,
De minute en minute, abrége le chemin,
   Qui du capitan la sépare.

« Attends, guerrier fameux ! attends, toi qui, sans bruit,
Accomplis vaillamment tes hauts faits dans la nuit,
   O digne chef de tant de braves !
Attends ! que je t'apprenne à piller mon bercail,
A conduire au-delà du fleuve mon bétail,
   A charger mes bergers d'entraves ! »

---

1. Ancien nom du bas Danube.

Ainsi parle Chalga, mais comme si la mort
Courait sur ses talons, l'heyduque fuit plus fort,
    Muet et sans tourner la tête.
Inutiles efforts! au détour d'un sentier,
Chalga l'atteint! Chalga qui, sur son destrier
    Se dresse, à frapper déjà prête.

Soudain un éclair luit en croissant arrondi,
Sous la sinistre flamme une tête a bondi,
    Qui roule et palpite dans l'ombre!...
C'est celle du félon, dont le tronc emporté
Court encore en lançant dans l'air ensanglanté,
    Un double jet de pourpre sombre!

    On dit que depuis cette nuit,
    Lorsque dans le pays, sans bruit,
    Quelque vieille bande pillarde
    D'Heyduques voleurs se hasarde,
    De se tromper elle n'a garde,
    Et ne vient point, à pas de loups,
    Rôder pour faire de ses coups,
    A l'entour de ta bergerie,
    Chalga, sur la rive fleurie
    Où le Danube, aux larges eaux,
    Dort dans son grand lit de roseaux.

LE PAON DES FORETS

I

Qui donc, là haut, sur la colline,
Passe, bras dessus, bras dessous?
C'est une belle aux grands yeux doux,
Un jeune brave à taille fine,
Si fine que, dans un anneau,
Elle tiendrait mieux qu'un roseau.

Le jeune brave dit : « Fleurette,
Chante-moi donc ta chansonnette,
Ta chansonnette à l'air vainqueur,
Qui de tant d'aise emplit mon cœur,
Et qui, de ta bouche mi-close]
Sort, comme du bouton, la rose.

— Ami, je te la chanterais
Volontiers, mais ma chansonnette
Éveillerait l'écho qui guette ;
Et soudain le Paon des forêts,
Dont le pied fait trembler la terre,
Fondrait sur nous comme un tonnerre...

— Ma belle amie, aux cheveux d'or,
Que le soleil lui-même envie,
Toi, mon amour, toi, le trésor
Pour qui je donnerais ma vie,
Ne crains rien pour toi, ni pour moi,
Tant que je serai près de toi. »

Il dit, et, de sa voix mutine,
La belle entonne sa *doïne* [1] ;
Mais aux accents de cette voix,
Soudain paraît le Paon des bois,
« Holà hé ! dit le Paon superbe,
Holà hé ! le garçon imberbe !

De bonne grâce, cède-moi
Ta mignonne, ou malheur à toi !
— Fusses-tu Satan en personne,
Malgré ta mine fanfaronne,
Ta barbe d'ours et tes longs bras,
Non, je ne te céderai pas

---

[1] Chant élégiaque tenant à la fois de la chanson, de l'ode et de l'élégie.

Ma mignonne, ma mignonette,
Avant que l'horrible muette,
Aux os pointus, au froid baiser,
La Mort, s'en vienne m'épouser.
Car, par l'or de ses longues tresses,
Aussi douces que ses caresses,
Devant Dieu j'ai juré, le jour
Où, sa main dans ma main fidèle,
Elle m'a juré son amour,
De vivre et de mourir pour elle. »

II

L'un sur l'autre alors s'élançant
Comme loups altérés de sang,
Par la ceinture qui les serre
Comme une cuirasse de guerre,
Ils se saisissent, corps à corps ;
Ils se penchent, ils se relèvent,
Ils s'entrelacent, ils s'enlèvent,
Ils luttent de ruse et d'efforts.

Cependant la blonde amoureuse
Suit, avec une ardeur fiévreuse,
Ce combat pour elle entrepris,
Et dont elle sera le prix.

Comme le vent, l'onde marine,
Son cœur soulève sa poitrine ;
Mais, bientôt son ami, pressé
Par son rival, crie oppressé :

« Ah ! ma ceinture m'abandonne !
Viens, et rattache-la, mignonne ;
Car, sans elle je sens faiblir
Mes reins, et mes genoux fléchir.

— Non, ami. La lutte est loyale,
Combats, dit-elle, à chance égale.
Celui que Dieu fera vainqueur,
Avec ma main aura mon cœur. »
A ces paroles de la belle,
Les deux combattants, de plus belle,
Luttent, l'un à l'autre enchaînés,
Rouges, haletants, acharnés !
Un sinistre éclair étincelle
Dans leurs yeux, vrais charbons ardents,
La sueur de leurs fronts ruisselle,
La fureur fait grincer leurs dents.
Que d'ardeur, d'adresse et de feintes !
Leurs os craquent sous leurs étreintes !

Enfin, l'un d'eux a triomphé ;
L'autre, trahi par son courage,
Avec un dernier cri de rage,

Tombe, entre ses bras étouffé...
Le vainqueur, avec sa conquête,
Qui le suit en baissant la tête,
Mais sans lui montrer de courroux,
S'en va, bras dessus, bras dessous.

III

Qui donc, là-haut, sur la colline
Reste sanglant, inanimé ?
Las ! c'est le brave à taille fine !
Pourquoi le plaindre ? il fut aimé.
Si court fut son bonheur, qu'importe !
Au sein de la mort il l'emporte ;
Car il meurt sans s'être douté,
Femme, de ta fragilité !

BOUJOR

I

La terreur des tchokoï, le brave entre les braves,
Qui pour les coups de main n'eut jamais de rival ;
Boujor a reparu dans les pays moldaves,
La ceinture bourrée ainsi qu'un arsenal.

Et le peuple roumain en est dans l'allégresse,
Car il sait que Boujor aux pauvres gens est doux ;
Que, si le riche doit redouter son adresse,
L'oppresseur sa justice, et le puissant ses coups,
Jamais, au grand jamais, de sa main vengeresse
Sur le faible il ne fit retomber le courroux,

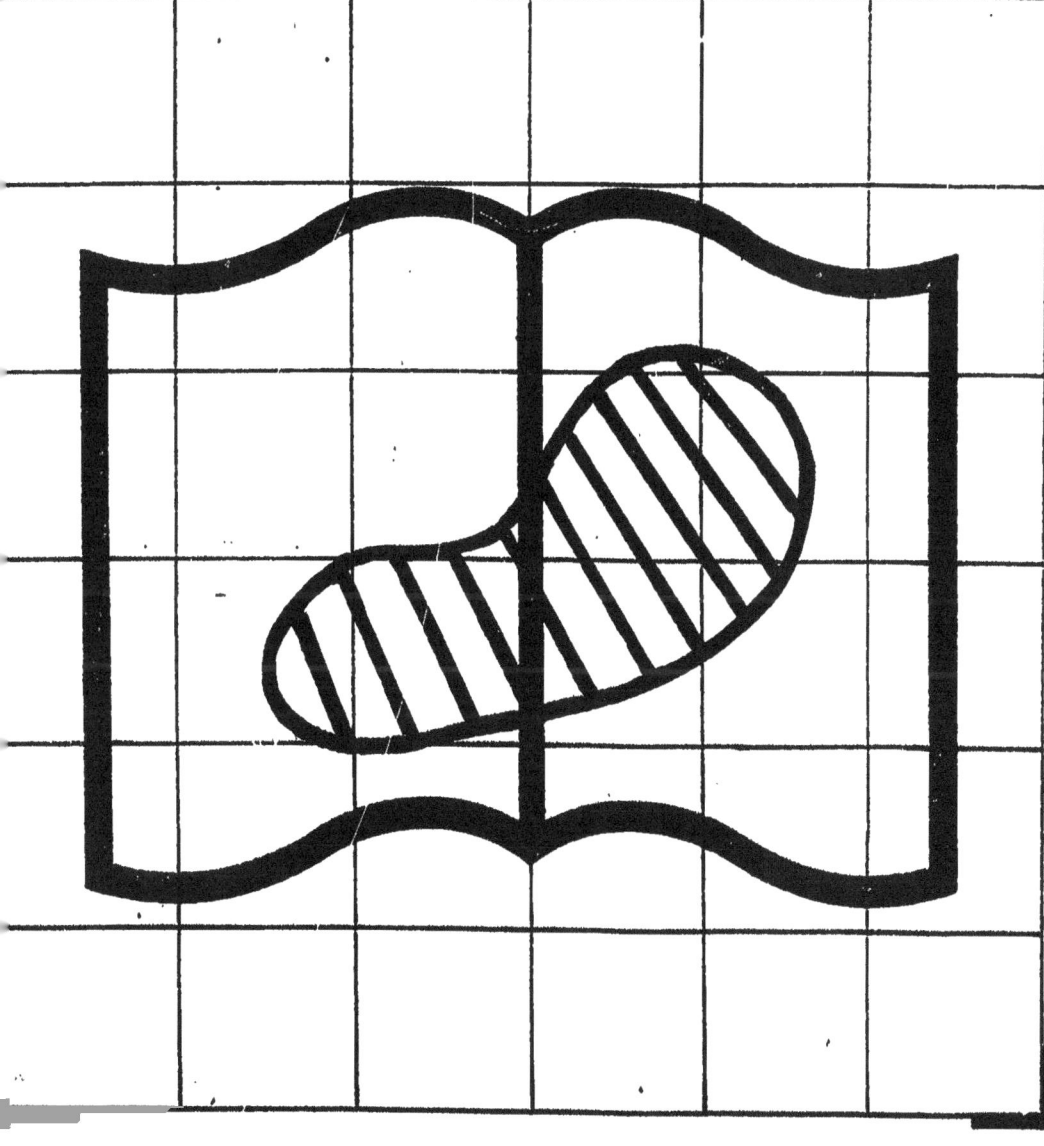

Qu'il est gai, qu'il est beau dans sa désinvolture
Et la souple vigueur de sa mâle stature,
L'heureux aventurier, dont chaque paysan,
Le soir, à la veillée, au foyer de famille,
De sapin résineux lorsque l'âtre pétille,

Conte déjà l'histoire en merveilleux roman ;
Et dont rêve, la nuit, plus d'une belle fille.

Superbe comme un paon et droit comme un palmier,
Il est svelte, il est beau, le brigand intrépide,
Avec sa barbe noire et son bonnet princier.
Où luit comme une étoile une aigrette splendide.
Trois jours déjà passés, il cherche un alezan
A la robe frisée, au pied sûr et rapide,
Un cheval à sa guise et digne d'un sultan ;
Mais il a beau courir la plaine et la montagne,
Attendre sur la route et battre la campagne,
En sifflant sa chanson d'aventurier joyeux,
Il ne découvre point ce que cherchent ses yeux.

Mais si dans ses projets cela le contrarie,
Son humeur n'en est pas un instant assombrie,
Et sûr que la Fortune aux braves tend la main,
Et qu'elle reviendra tôt ou tard lui sourire,
En attendant, il va cueillant sur son chemin
Maintes et maintes fleurs dont le charme l'attire.

Ici, sur la colline, aux abords d'un grand bois,
Résonne follement une petite voix
D'alouette qui rit au bonjour de l'aurore.

Boujor, d'un pied léger s'approche en écoutant,
Puis soudain interrompt la voix qui va chantant,
Par le bruit d'un baiser amoureux et sonore.
Là-bas, les pieds vermeils, la jambe faite au tour,
Trempant au ruisseau clair, dont l'onde avec amour
Autour de cet ivoire et se joue et s'arrête,
Deux tendrons de quinze ans, en lavant des toisons,
Devisent comme oiseaux tapis dans les buissons :

L'heureux Boujor accourt et fait double conquête.

Le long de la forêt qui couronne le val,
Une autre, le cœur libre, et sans penser à mal,
Cueille en riant les fleurs qui semblent lui sourire ;
Boujor, maître dans l'art de plaire et d'enjôler,
Lui fait perdre la tête avec son doux parler,
En moins de temps, hélas ! qu'il n'en faut pour le dire.

II

Après tous ces exploits, sur la hanche campé,
Et pittoresquement de son manteau drapé,
D'un pas grave, Boujor arpente une vallée
Que traverse en zigzag une route isolée,

Où passent à cheval, vers le soir, les Mokans
Qui vont vendre le sel aux pays musulmans.

Comme un poète épris de la belle nature,
Boujor marche, rêvant et cherchant aventure.
Ses yeux, depuis une heure, interrogent en vain
La route aux plis nombreux, qui s'allonge sans cesse,
Lorsque, au détour d'un bois, face à face, soudain,
Il rencontre un Mokan, monté comme une altesse :
« Holà ! le Montagnard ! te conviendrait-il pas
D'échanger ton cheval contre un tas de ducats,
Si beaux que l'on s'y mire, et qui font dans mes poches,
Plus de bruit que, dans l'air, un carillon de cloches ?
Voyons, ça te va-t-il ?

— Moi ! vendre mon trésor !
Mon alezan, qui mange avec moi ! lui que j'aime
Plus que ma fiancée et ma mère, et moi-même !
Allons donc ! vous auriez, seigneur, son pesant d'or,
Et vous seriez boyard de cette immense plaine,
De troupeaux, de maïs et de blé toute pleine,
Et vous m'en offririez cet or et ce domaine,
Que, foi de montagnard ! je n'accepterais pas.

— Ah ! mon petit mokan, tu me tournes la tête,
Et me rends amoureux de ta petite bête.
Sois gentil ; laisse-moi, mon bon petit mokan,
Faire un temps de galop sur ton cher alezan,

1. Bergers marchands des Carpathes roumains.

Que je puisse juger, par quel mérite insigne,
D'une si haute estime il sait se rendre digne ;
Si du jeune faucon il a l'essor vainqueur,
S'il s'élance et fend l'air comme l'éclair de flamme....
Contente le désir qui fait battre mon cœur,
Et je te donnerai, frère, jusqu'à mon âme.

Séduit par ce discours, le mokan ingénu
Cède, sans nul soupçon, au vœu de l'inconnu.
Celui-ci, du coursier saisissant la crinière,
Leste comme un chamois, l'enfourche et prend carrière.
Et l'alezan détale, et le val, à l'entour,
Semble se fendre, au vol de ce nouveau *Graour* [1].
Mais aux cris du Mokan qui gémit et l'appelle,
En regardant de loin son essor d'hirondelle,
Boujor s'arrête, et dit d'une voix de Stentor :
« Viens, mon petit Mokan chéri ! voilà tout l'or
Qui chantait dans ma poche et dans mon escarcelle.
Quant à ton alezan, mon cher, c'est un trésor,
Un aigle sur lequel je vais tenter fortune,
Bien plus haut que nos monts, au-dessus de la lune.

Que si l'on te demande à quel prince ou seigneur,
Tu vendis ton cheval, digne d'un empereur ;
Dis que c'est à Boujor le bandit, dont l'audace
A nos chiens de tchokoï donne si rude chasse. »

Et le joyeux brigand, fier de ce nouveau tour,
S'en alla, s'en alla, jusqu'à la fin du jour.

---

1. Cheval fameux dans les légendes roumaines, comme ceux des paladins dans les romans épiques des trouvères.

III

Non loin de Focchani, dans un lieu solitaire,
Entouré de hauts murs, comme un vieux monastère,
Au centre d'un bosquet aux panaches ombreux,
S'élève un kiosque, un nid de jeunes amoureux,
Tout plein de chants d'oiseaux, de fleurs et de mystère.
Dans une salle basse au style musulman,
Boujor rêve, accoudé sur un moelleux divan,
De ses yeux aux longs cils sort une double flamme,
Dont le vibrant éclair couve une jeune femme,
Une blonde Roumaine au minois sans pareil,
Une étoile, ou plutôt un fragment du soleil,
Qui, le bras arrondi comme la canéphore,
Où la jeune prêtresse aux fêtes de Bacchus,
Dans sa coupe a déjà vidé plus d'une amphore,
Et qui, de ses baisers l'enivre encore plus.
« Annette, mon Annette, à la taille d'abeille,
Dont le front a du lis l'éclatante pâleur,
Et les yeux, du saphir la céleste couleur,
Il me prend une envie, à la rage pareille,
De presser sur ma lèvre une certaine fleur,
Que tu portes toujours sur ta bouche vermeille. »
— Boujor, mon beau Boujor, si c'est là ton plaisir,
Cueille, à ton gré, la fleur qui charme ton désir ;

Tiens, voici le jardin où cette fleur éclose
Te rit, dans tout l'éclat dont le ciel la para ;
Couvre-la de baisers autant qu'il te plaira ;
Mais ne bois plus, ami, de cette liqueur rose ;
Car on a vu non loin d'ici la *Potira !* [1]

— Bah ! laisse-la venir. et laisse tes alarmes.
Ne suis-je plus Boujor ? n'ai-je pas là mes armes ?
Et tes yeux n'ont-ils plus de charme assez vainqueur
Pour me fouetter le sang et me donner du cœur? »
Et vers son Anika, l'amoureux intrépide
Penchait sa belle tête, et s'en allait poser
Sur la grenade en fleur le plus ardent baiser,
Quand la porte soudain, au bruit d'un choc rapide,
S'ouvrit, et qu'en hurlant toute la potira,
Dans la salle ébranlée à la fois s'engouffra.

Grande fut la surprise et rude la bataille.
Boujor, comme un lion furieux bondissant,
Brandit si bien son sabre en cercle éblouissant,
Et puis si bien en frappe et d'estoc et de taille,
Que l'ennemi battu recule frémissant,
Et que dans un affreux et sanglant pêle-mêle,
Les têtes à ses pieds tombent dru comme grêle.

Mais, comme il va porter son plus terrible coup,
Le pied, dans cet effort, lui glisse tout à coup,

1. Sorte de maréchaussée.

Et de ses ennemis la meute conjurée
Fond sur lui, le saisit d'une main rassurée,
Et le charge de fers, en poussant de longs cris,
Comme de vils chasseurs font d'un lion surpris.

IV

Les mains, les pieds meurtris du poids de ses entraves ;
De cités en cités, par les pays moldaves,
Comme une bête fauve on promène Boujor ;
Et le tchokoï, qu'on vit pâlir hier encor,
Au seul bruit de son nom, accourt sur son passage,
Et lâchement l'insulte, et lui crache au visage.
Puis on le jette au fond d'un cachot où la faim,
Et la fièvre et la soif, de leur triple morsure,
Lui font dix jours entiers endurer la torture.
Devant le haut Divan[1], il comparaît enfin.

Au milieu des Boyards, le *Vode*[2] a pris sa place,
Et, railleur, regardant le captif, face à face :
« Eh bien ! elle a sonné l'heure du châtiment,
Dit-il, brigand Boujor, parle sincèrement.

1. Haute Cour de Justice.
2. Prince.

As-tu tué beaucoup de chrétiens ?
— Sur mon âme!
Prince, qu'en cette enceinte, avec douleur je vois
Entouré de larrons comme Jésus en croix,
Jamais de sang chrétien je n'ai souillé ma lame.
Le destin, exerçant sur moi sa pression,
Et ne me laissant pas de meilleure ressource,
J'ai contraint, je l'avoue, en mainte occasion,
Le riche à me laisser compter l'or de sa bourse ;
Mais j'en usai toujours avec discrétion,
Faisant du contenu deux parts, en prenant une,
Et laissant l'autre, avec ma bénédiction,
Au volé stupéfait de sa bonne fortune.
Mais le pauvre, que Dieu mettait sur mon chemin,
De ma poche voyait ruisseler dans sa main,
Les doublons, les ducats, butin que les avares
Font trop souvent moisir à l'ombre, les barbares !

Et pour la potira, ramassis de païens,
Aux dépens de leurs bras, si j'ai sauvé les miens,
Si même, quelquefois, au fort de la tempête,
Mon sabre a dans leurs rangs, abattu quelque tête,
Je l'ai fait pour l'amour de mon pauvre pays,
Et toujours en vaillant, souvent seul contre dix !
Et, si la vérité peut sortir de leur bouche,
Mille tchokoï diront, quant à ce qui les touche,
Que si, dans les rapports que le hasard, parfois,
Établit entre nous, aux champs ou dans les bois,
D'un gourdin un peu lourd, ou d'une main brutale,

J'ai rudement frotté leur épine dorsale,
Là se borna toujours mon châtiment vengeur;
Car je me souvenais qu'on lit dans l'Evangile,
Que le bon Dieu, sachant combien l'homme est fragile,
Veut la conversion, non la mort du pécheur.

— Ils te devaient encor dire merci, sans doute,
De les laisser, tout nus, demi-morts, sur la route!
Mais, au lieu de jouer au fanfaron, Boujor,
Dis-nous donc où tes mains ont caché le trésor,
Fruit des tributs forcés, que sur la Roumanie,
Lève, depuis dix ans, ton audace impunie.

— Partout! sur les chemins des malheureux hantés,
Au pied des hauts sapins, des chênes indomptés,
Pour qu'en venant chercher le repos à leur ombre,
Les pauvres, — et tu sais si grand en est le nombre! —
En creusant, par hasard, le sol, de leurs talons,
Découvrent tout à coup quelque ronde sacoche,
De brillants, de sequins, de ducats, de doublons,
A remplir d'allégresse et leurs yeux et leur poche.

— Allons! dis-nous l'endroit, beau Boujor; cet aveu
Aura pour toi son prix, sur terre et devant Dieu.

— Prince de Roumanie, altesse illustrissime,
Je te baise les mains! Si, par stupidité,
Boujor pouvait descendre à cette lâcheté,
Sais-tu ce que ferait ton divan magnanime?
Il me condamnerait d'une voix unanime,
Puis, chacun s'esquivant, s'en irait, au grand trot
De ses meilleurs chevaux, enlever le magot.

Le Prince, qui tolère et commet l'injustice
Malgré lui, dominé qu'il est par la malice
Des tchokoi, ces vautours, dont le pays, sans fin,
Repaît, sans l'assouvir, l'insatiable faim ;
Le prince, pour ne pas éclater d'un fou rire,
Tousse et se mord la lèvre, à ce trait de satire.
Mais, les juges, craignant de plus terribles coups,
Froncent leurs gros sourcils, fulgurants de courroux,
Et du fier accusé prononcent la sentence.

Boujor sera pendu, pendu comme un païen.
Il pourra cependant, selon le droit chrétien,
D'un prêtre de son choix réclamer l'assistance,
Et, le cœur déchargé du poids de tout remord,
Pour lui-même prier à sa messe de mort.

Un prêtre évangélique, âme à Dieu consacrée,
Lampe sainte, qui brûle à l'ombre du saint lieu,
Prête au fameux pêcheur une oreille effarée,
Et d'indulgence plein, l'absout au nom de Dieu.

« Mon père, dit Boujor, d'une voix, dont le charme
Au confesseur ému fait verser une larme ;
Détache un peu mes mains, pour qu'encore une fois
Je puisse faire au moins le signe de la croix. »

Le bon prêtre se penche, et d'une main adroite.
Du pénitent ravi débarrasse la droite.
Celui-ci tire alors, prestement un bijou,
Un bijou de poignard, qu'il cachait, Dieu sait où ;

De ses pieds, comme un fil, coupe l'énorme chaîne,
Et, pareil au coursier qu'on lâche dans la plaine,
S'élance hors du temple, et sur la potira,
Qui l'attend à la porte, avec impatience,
Pour l'escorter là-bas, au pied de la potence,
Son poignard à la main, fond en criant : « Hourra ! »
Seul contre cent il lutte, et, de sa lame nue,
Frappe comme l'éclair qui jaillit de la nue.
Quelle rapidité ! quelle audace ! quels coups !
Ce n'est plus un mortel, c'est l'archange en courroux,
L'archange, dont le glaive et l'œil plein d'étincelles,
Dispersent de l'enfer les légions rebelles.
Mais l'arme de Boujor, ô douleur ! dans sa main
Se brise... c'en est fait ! il va périr !... Soudain
Un long hennissement retentit dans l'espace.
Parmi les combattants, acharnés, furieux,
Une femme, semblable à l'astre errant qui passe,
Sur un coursier, rival du dragon fabuleux,
Tombe, comme du ciel, d'un bond prodigieux !

C'est Annette, l'amie intrépide et fidèle,
Qui vient sur l'alezan, à l'indomptable essor,
Aux coups des ennemis arracher son Boujor.

Boujor a reconnu son cheval et sa belle,
Et, d'un élan, sautant en croupe derrière elle :
« Allons, mon compagnon, mon bien-aimé ! dit-il,
Encore cette fois tire-nous de péril ! »
Et pendant qu'à l'entour, la potira muette,

Les yeux écarquillés, regarde stupéfaite,
L'alezan, dont le corps frémit, à cette voix,
Ainsi qu'un instrument sous l'archet ou les doigts,
Hennit encor, s'allonge, et part comme la foudre,
Sans soulever des pieds un atome de poudre.

En un clin d'œil, il a franchi ville et faubourgs ;
Le voilà qui déjà vole en rase campagne,
Et, tandis que Boujor, de sa chère compagne,
Baise les blonds cheveux et le cou, ses amours,
Lui, gagne les grands bois, au flanc de la montagne,
Où, sous un roc géant aux immenses contours,
Au beau couple amoureux une grotte connue
Dans son asile sûr offre la bienvenue.

V

Un mois entier, Boujor, comme un navigateur,
Abordé par miracle au port libérateur,
Au fond de sa retraite adorant sa maîtresse,
Soignant avec amour son alezan chéri,
Goûta, dans les douceurs d'une paix charmeresse,
Tous les bonheurs du khef, cette heureuse paresse,
Des fils de l'Orient délice favori.

Mais bientôt, de nouveau, cédant à sa nature,
De redresseur de torts il reprit le métier,
Et se rendit fameux par plus d'une aventure,
Que l'on raconte encore au rustique foyer.
Le pauvre en lui toujours trouva le meilleur frère;
Et toujours de son bien eut au moins la moitié;
Mais partout l'oppresseur le trouva sans pitié,
Et partout aux coquins il fit si rude guerre,
Que, de la plaine au mont, on voit pâlir encor
Les tchokoï de nos jours, au seul nom de Boujor.

KIRA

Quinze bateaux, venus des côtes du Levant,
Remontent le Danube, et, les voiles au vent,
Comme de grands oiseaux au vol sûr et tranquille,
Dans le port d'Ibraïl entrent en longue file.

Une légère pramé aux bonds harmonieux,
Décorée à sa proue d'un croissant radieux,
Les devance, étalant sur ses flancs pittoresques
Deux versets du Coran, en riches arabesques,
Et dans l'intérieur des monceaux de coussins,
De tapis, enrichis de merveilleux dessins,
D'où, le turban au front, vêtu de cachemires,
Se lève le seigneur et roi de ces navires.
C'est un nègre africain, un pirate, un forban,
Pourvoyeur favori des harems du Sultan.
Les ardeurs du tropique et le soleil du Maure
Éclatent dans ses yeux, dont le regard dévore ;

Son air, son attitude, et son geste et son pas,
Et l'oreille tendue, et le flanc qui s'efface,
Tout a je ne sais quoi des félins de l'Atlas,
Et l'on sent la panthère, à cette large face.

Mais pendant qu'on remplit tumultueusement,
Et du plus beau maïs, et du plus pur froment,
Les vastes flancs profonds de ses quinze navires,
Que fait donc le forban, vêtu de cachemires ?
Au cabaret du port, sur de moelleux tapis,
Orientalement, sous un platane assis,
En dépit du Coran, dans la coupe vermeille,
Que lui remplit la main de la belle Kira,
Il s'énivre d'un vin que le soleil dora,
Au sommet d'une côte à nulle autre pareille.
Mais bien plus que le vin l'enivrent le regard,
Le costume éclatant et la beauté sans fard,
La blonde chevelure et la taille de reine,
Et le sein virginal, droit, arrondi, bombé,
Sous la soie ondoyante à peine dérobé,
Et le rire et les chants de la jeune Roumaine.

Les yeux, noyés d'amour et d'éblouissement,
Le pirate s'écrie avec ravissement :
« Kira, rose du cœur, Kira, fleur de délice !
Loin de ce cabaret, cachot de pauvreté,
Viens fleurir sous un ciel, à la beauté propice,
Au jardin de splendeur et de félicité.
Viens avec moi, là-bas, au pays de l'aurore,

Dans mon riche palais, que baigne le Bosphore.
Viens ! je te donnerai robes de soie et d'or,
Joyaux qui te feront belle, plus belle encor :
Paftalés[1] *d'irmiliks*[2], comme en ont les Sultanes,
Bracelets et colliers d'opales diaphanes ;
Et, pour les devancer, soigneux de tes plaisirs,
Ton esclave, à tes pieds, épira tes désirs. »
Kira, le rire aux dents et la lèvre moqueuse,
Lui répond, à la fois provocante et railleuse :
« J'aime les bracelets et les irmiliks d'or,
Nègre, mais j'aime mieux, oui, j'aime mieux encor
— Et je ne sache rien de plus charmant au monde, —
Un beau visage blanc avec moustache blonde.
Il n'est point d'alliance entre loups et brebis,
Entre fleurs et serpents, vautours et tourterelles,
Entre ours et rossignols, léopards et gazelles,
Entre chardons d'enfer et lis du paradis....

Sur Kira bondissant, comme sur l'antilope
La panthère, à ces mots, le forban interlope
L'enlève, sans effort, d'un bras audacieux,
Court au rivage, avec son fardeau précieux,
Détache en un clin d'œil sa prame toute prête,
Et devers Soulina vogue avec sa conquête.

Mais, voilà qu'accourant d'un bouquet de roseaux,
Les brigands d'Ibraïl, les serpents du grand fleuve,
Les frères de Kira, qui font veuve sur veuve,

1. Agrafes.
2. Petite pièce d'or.

Chez le Turc abhorré, s'élancent dans les flots,
Y plongent, et, soudain, à côté de la prame,
Reparaissent, les yeux pleins de foudre et de flamme.
Le nègre, d'une main ramait éperdument
Et, de l'autre, faisait une amoureuse chaîne,
Dont il pressait, avec les transports d'un amant,
La taille aux purs contours de la belle Roumaine.
Les frères de Kira, d'un seul bond, à la fois,
Le saisissent au cou, l'étranglent dans leurs doigts,
Et le jetant aux flots, ramènent au rivage
Kira, morte à demi, sous leur regard sauvage.
« Mort à toi ! disent-ils, infâme ! mort à toi,
Qui violes ainsi ton honneur et ta foi !
De quelle mort veux-tu mourir, dis, misérable ?
— Par la croix de mon Dieu ! je ne suis pas coupable !
O mes frères chéris, je ne veux pas mourir...

— Eh bien ! qu'il vienne donc, ton noir, te secourir !

Et comme trois vautours, d'une pauvre hirondelle
Les trois frères brigands alors s'emparant d'elle,
Arrachent par lambeaux ses frêles vêtements,
Répondent à ses cris par des ricanements,
Et d'invincibles nœuds l'attachent contre un arbre :
Puis couvrant de goudron son corps plus blanc qu'un marbre,
Ils préparent le feu qui doit la consumer.

O pauvre Kira ! rien ne peut les désarmer.
Ni cris, ni désespoir, ni larmes, ni prière :
La haine des païens change leur cœur en pierre.

« Meurs ! disent-ils encore, ô misérable sœur !
Il n'est point d'alliance entre serpent et fleur,
Entre loups et brebis, vautours et tourterelles,
Entre ours et rossignols, léopards et gazelles !
Meurs ! brûle dans ce feu par nos mains préparé,
Toi qui, chrétienne impie, en ton lâche délire,
Brûlas, pour un païen, d'un amour exécré !
Brûle ! transforme-toi, si tu peux, en vampire ;
Deviens un noir charbon ! Pour le noir, ton amant,
Négresse, tu seras un objet plus charmant.

Cependant attachée à l'arbre du supplice,
Et voyant pétiller le feu du sacrifice,
Folle de désespoir, d'épouvante et d'horreur,
Kira, pour les tirer de leur fatale erreur,
S'écrie, en sanglotant : « O mes frères ! mes frères !
Mes frères bien-aimés, retenez vos colères !
Et, de grâce, un moment, un seul, écoutez-moi !
Je ne suis pas coupable ! Oh ! non, non, sur ma foi !
Sur mon Dieu ! sur ma part que dans le ciel, j'espère !
Par le Christ, par les saints, par vous, par notre mère !
Pitié ! pitié ! pitié ! si vous avez un cœur !
Car je suis innocente, et je suis votre sœur ! »

Mais cris et désespoir, et sanglots et prière,
Font retentir en vain leurs accents douloureux ;
Ils répondent à tout par des rires affreux :
La haine des païens change leur cœur eu pierre.

Autour de Kira cependant,
Comme un reptile épouvantable,
La flamme, en tourbillon ardent,
S'enroule et monte inévitable.

Son corps charmant, son corps, dont la chaste blancheur
Avait du lis naissant l'éclat et la fraîcheur,
Se revêt tout à coup d'une pourpre bronzée,
Que surmonte bientôt une ébène embrasée :
Les os craquent, les chairs brûlent en crépitant,
  Et les trois frères vont chantant,
  Au milieu de l'horrible drame ;
  Tandis qu'en vain se débattant,
Leur victime se meurt dans un cercle de flamme.

Pauvre fille ! elle pousse un cri, dont la douleur
Aurait rendu l'Enfer sensible à son malheur ;
Puis un gémissement où son cœur se déchire,
Puis un léger soupir où finit son martyre.

Ses frères, ses bourreaux implacables, alors
Rassemblant à l'envi les débris de son corps :
« Os maudits ! disent-ils, os de la pécheresse,
  Pour un nègre à sa foi traîtresse,
  Ossements de péchés tout noirs,
  Ossements tout souillés de vice !
  Que la terre vous engloutisse
  En ses plus profonds entonnoirs !

Et toi, cendre d'un corps infâme,
Que les vents, te prenant sur leurs ailes de flamme,
T'emportent par delà les steppes et les mers,
Par delà l'Océan, par delà l'Univers!

MIKOU

Au fond d'une forêt, quatre fois séculaire,
Le long de vieux ravins et par des sentiers creux,
Sur son jeune mourgo, qu'il aime comme un frère,
Mikou, le beau bandit, chemine aventureux.
D'armes de fin acier regorge sa ceinture,
Son long paloche pend au flanc de sa monture;
Sur son bonnet princier, du plus pur astracan,
Resplendit un rubis, plus gros qu'Aldebaran.

Superbe est son regard et mâle sa stature.
Tout-à-coup saisissant un sonore *cobouz*,
Il en tire des sons si puissants et si doux,
Que des arbres émus les cimes en frissonnent;
Que des rochers lointains les antres en résonnent,
Et que tous les oiseaux, hôtes de ces grands bois,
Ravis et confondus, rougissent de leurs voix.

Mais loin de l'enflammer d'une vigueur nouvelle,
Ce chant semble attrister son beau mourgo fidèle.
Mikou le voit et dit : « Eh bien ! l'ami, qu'as-tu,
Que tu marches ainsi, morne et l'œil abattu ?
Est-ce ton frein, ta selle, ou bien moi qui te gêne ?
Tes pieds sont-ils meurtris ? Veux-tu reprendre haleine ? »

Le mourgo lui répond : « C'est un autre souci,
Cher maître, qui m'occupe et m'assombrit ainsi.
Janok, le gros Janok, le brigand redoutable,
Dont le nom fait trembler le Serbe et le Roumain,
Le rapace Hongrois, coureur de coups de main,
Derrière les rochers, là-bas, près d'une table,
Ronde, et faite d'un bloc aussi dur que l'airain,
Festine avec les siens, vingt gars, à fine taille,
Aux cheveux, sur leurs dos coquettement tressés,
Aux barbes d'or, aux crocs fièrement retroussés,
Qui, rapides faucons, hardis à la bataille,
Si nous continuons ce chemin hasardeux,
Viendront fondre sur nous, vingt et un contre deux.
Alors, malheur à moi ! malheur à toi, cher maître ! »

— « Eh quoi ! frère, est-ce ainsi que tu me sais connaître ?
As-tu donc oublié qu'aux champs et dans les bois,
Et sur les monts altiers, tes yeux ont vu cent fois,
Lorsque de son fourreau je tirais mon paloche,
Mes ennemis tremblants s'enfuir à mon approche,
Et par moi poursuivis tomber tous sous mes coups,
Ou demander l'*aman*, mains jointes, à genoux ?
Tu verras ces beaux gars aux airs de femmelettes,

Qu'ont chassés des cités leurs vices et leurs dettes,
Et que Janok, cet ours, fait marcher sous ses lois,
S'enfuir, à mon aspect, au plus profond des bois.
Ne crains donc rien, ami. Va, gagne la prairie,
Où croît si bien cette herbe odorante et fleurie,
Dont, tant que je me livre aux douceurs du sommeil,
Tu te fais, à loisir, un régal sans pareil. »

Il dit, et de la main le flatte, le caresse ;
Aussitôt le mourgo, bondissant d'allégresse,
S'avance à travers bois et rochers et hallier,
Plus prompt dans son essor qu'en son vol l'épervier.
Un fier hennissement, sorti de sa poitrine,
Va retentir au loin, de ravine en ravine,
Jusqu'au pied du grand bloc, couronné de sapins,
Où Janok fait bombance avec ses *Haramins*.
Janok allait vider une coupe vermeille,
Quand ce hennissement vint frapper son oreille.

« Alerte, cria-t-il. C'est assez banqueté.
Voici venir quelqu'un comme un prince monté.
Allez, et postez-vous là-bas, en embuscade,
Sous le bloc de granit, d'où tombe la cascade.
Si c'est un vrai bandit, un vaillant compagnon ;
Si, dans sa résistance il fait bonne figure,
Laissez-lui la moitié de son argent mignon,
Mais quoi qu'il fasse, emparez-vous de sa monture :
Ce doit être un cheval comme on en trouve peu ;
Quelque fils de Graour, plein d'adresse et de feu ;

S'il a des nerfs d'acier et des reins à ma taille,
J'en ferai désormais mon cheval de bataille.
Emparez-vous aussi de ses armes ; enfin
Laissez-le en liberté reprendre son chemin ;
Car c'est aujourd'hui fête, et je sais, dès l'enfance,
Que la très-sainte Église aux chrétiens fait défense
De répandre le sang, en ces jours vénérés,
Si l'on veut n'être pas, comme chiens, enterrés.
Mais si c'est un boyard, avec de bonnes gaules,
Zébrez-lui jusqu'à sang les reins et les épaules,
Et qu'allégé de tout, au sortir de vos coups,
Il s'en aille servir de déjeuner aux loups. »

Il dit, et dix d'entre eux, courent, en embuscade,
Se poster sous le bloc, d'où tombe la cascade,
Mais tout-à-coup Mikou, pareil à l'ouragan,
Survient, et brandissant dans l'air son bousdougan,
Effroyable massue, à frapper plus rapide
Que les traits enflammés de la foudre homicide,
Il frappe à droite, il frappe à gauche ; en un moment,
Sept de ses ennemis gisent sans mouvement ;
Le reste se dérobe à ses coups redoutables,
Et s'enfuit en poussant des clameurs lamentables.
Soudain Janok accourt, de pied en cap armé,
Par le vin et la honte et la rage animé.

Mikou, paloche en main, et sarcasme à la bouche,
Attend, victorieux, son ennemi farouche.
On dirait, à les voir, l'un, calme et radieux,

L'autre, sombre, sinistre, et tout bouillant de haine,
Des phalanges du ciel le vaillant capitaine,
Et des anges maudits le chef audacieux.

Mikou, le beau Mikou, le brave entre les braves,
Est un de ces Roumains qui, proscrits par les lois
De tyrans exécrés, lâches faiseurs d'esclaves,
Désertent les cités, et s'en vont dans les bois,
Retrouver sur les monts leur liberté ravie,
Et sous le ciel d'azur, vivant leur libre vie,
Des torts quotidiens des boyards oppresseurs,
Se faire pour les serfs les hardis redresseurs.

Hongrois de nation, Janok est un heyduque,
Brigand aux vastes flancs, bandit à large nuque,
Aux yeux de chat-huant, d'armes de tout métal
Portant à sa ceinture rouge un arsenal.
Sous ses grands pieds chaussés de sandales, il semble
Qu'au moindre de ses pas le sol s'émeut et tremble.
Malheur, quand il y passe, aux pays d'alentour !
Il va comme le loup vorace et le vautour,
Pillant, incendiant, égorgeant les familles,
Violant en pleins champs les mères et les filles.
Puis allant dans les bois faire noce et festins,
Sous le dôme du ciel, avec ses Haramins.

Dans toute son ampleur dressant sa haute taille,
Janok en secouant son arme de bataille,
Un cimeterre immense, avance sur Mikou ;

Mais celui-ci l'observe, et détournant le coup,
Fait sauter à dix pas la lame meurtrière.
Le géant stupéfait se rejette en arrière,
D'un énorme paloche arme sa lourde main,
Et grinçant des dents, fond encore sur le Roumain.
Mais Mikou, toujours ferme et prompt comme la foudre,
En trois coups le désarme une seconde fois,
Et l'arme du brigand, échappée à ses doigts,
Comme un jouet d'enfant, va rouler dans la poudre.

— « Assez de jeu, mon vieux, s'écrie alors Mikou,
Garde à toi ; car je vais pratiquer à ton cou
Cette opération, qu'à tant de pauvres diables
Chez nous ont fait subir tes mains impitoyables. »

Il dit, et tourne autour de Janok confondu,
Horizontalement son long glaive, tendu
Vers le cou du brigand, qui s'agite, stupide ;
D'un cercle fantastique il l'entoure, et rapide,
Comme le gypaète, effroyable oiseleur,
A la serre fatale, à l'œil fascinateur,
Tandis que le brigand, jure, écume, halète,
D'un coup herculéen il lui tranche la tête.
La tête roule au loin, l'air encor menaçant ;
Le tronc s'affaisse et lance un double jet de sang.

Immobiles, voilant leurs yeux de leurs paupières,
Les compagnons du mort semblent changés en pierres.
Mikou les regardant, leur dit d'un ton narquois :

« Holà, les Haramins[1] ! vous êtes, je le vois,
Des compagnons experts aux batailles loyales,
Vous respectez la lutte et les chances égales ;
C'est correct et courtois. Or, sans vous déranger,
En est-il parmi vous un qui veuille venger
Ce Janok, que je viens de châtier, la brute !
Qu'armé, comme il l'entend, il se présente et lutte
Contre moi. Je m'engage à lui donner le khef
De l'envoyer incontinent joindre son chef. »

Il dit, croise les bras et les regarde en face.
Ce regard fait sur eux ce que sur un oiseau
Font les yeux du serpent, et tous restent en place.
De ses armes alors Mikou fait un faisceau
Et les jette à ses pieds : « Eh bien ! dit-il encore,
D'un accent ironique, et d'une voix sonore :
Écoutez, Haramins ! A celui d'entre vous
Qui les soulèvera, je donne ces joujoux.
Cela vous convient-il ? Tous accourent en masse,
Mais nul ne fait bouger les armes de leur place.

Mikou rit dans sa barbe et dit : « Faux Haramins,
Ces armes-là ne sont pas faites pour vos mains.
Allez à la charrue, et comme des esclaves
A la glèbe attachés ; sous d'ignobles haillons,
Bêchez, plantez des choux et creusez des sillons.
C'est là votre métier. Laissez la guerre aux braves. »

---

1. Peuplade hongroise, d'origine serbe.

Avec un fier dédain ainsi parle Mikou;
Et d'un doigt enlevant les armes, sur le cou
De son léger coursier qui hennit, il les place,
Le mourgo rayonnant et d'orgueil et d'audace,
Reçoit aussi son maître et part comme l'éclair.
Moins rapide est le trait ou le plomb qui fend l'air.
Ses pieds sans la coucher, de la verte prairie
Franchissant, en trois bonds l'herbe drue et fleurie,
Il disparaît, derrière un gigantesque roc
Aux yeux pétrifiés des amis de Janok.

Son maître, cependant, sur son kobouz d'ivoire,
Entonne dans les bois un vrai chant de victoire,
Un chant tel que lui seul au monde en sait chanter,
Et que le soleil même au ciel semble écouter.
La forêt comme un luth doucement en résonne;
Le ruisseau s'en émeut, la fontaine en frissonne,
Et les oiseaux chanteurs, pour la seconde fois,
Ravis et confondus, rougissent de leurs voix.

CONSTANTIN BRANCOVAN.[1]

Le Ciel avait comblé Brancovan de richesses,
De trésors convoités par maint prince païen,
Et dont il se servait en vrai prince chrétien,
En faisant œuvre pie et royales largesses.

Or, un jour il advint, jour à jamais fatal,
Qu'à l'aube se levant, le prince matinal,
Pour remercier Dieu du jour qui vient de naître,
Selon son habitude, ouvrit une fenêtre
De son vaste château, vieux manoir féodal.

Mais à peine avait-il regardé dans la plaine,
Que, d'armes la voyant étincelante et pleine,
Il courut réveiller ses trois fils : « Levez-vous,
Mes enfants ! cria-t-il, et Dieu soit avec nous !

---

[1] Cette légende est historique.

Ou de notre ruine, hélas! a sonné l'heure!
Car le pacha cruel cerne notre demeure;
Ses canons sont braqués, et sous leurs coups trop sûrs,
De nos tours aujourd'hui vont s'écrouler les murs! »

Il parlait.... Tout à coup les sombres escaliers
Retentissent des pas de nombreux cavaliers.
Le Prince et ses enfants, surpris, chargés de chaînes,
Sont, au travers des bois, et des monts et des plaines,
Transportés loin, bien loin, dans un sinistre fort,
Où les attend l'honneur d'une immortelle mort.

Tatare aux cheveux plats, à face large et hâve,
Le pacha s'adressant au captif qui le brave:
— « Prince chrétien, dit-il, Constantin Brancovan,
Si tes fils te sont chers, si sous le cimeterre,
Tu ne veux voir soudain leurs chefs voler à terre,
Si tes jours te sont chers, fais-toi mahométan. »

— « Traître ennemi du Christ, sache, païen tatare!
Que dussent, à l'instant, sous ton glaive barbare,
Mes enfants bien-aimés expirer, à mes yeux,
Je ne renîrai point la foi de mes aïeux. »

A ces mots où des saints le courage respire,
Le pacha furieux fait signe à ses bourreaux,
Et l'aîné des enfants a subi le martyre,
Avec l'ardeur d'un saint et le cœur d'un héros.

Le père, vers le ciel, levant sa noble tête,
Dit : « Que ta volonté, mon seigneur Dieu, soit faite ! »

Alors sur le puîné les bourreaux s'élançant
D'un seul coup font rouler sur les funèbres dalles,
Où le pacha trempait dans le sang ses sandales,
La tête aux blonds cheveux du bel adolescent.

Le père, vers le ciel levant sa noble tête,
Dit : « Que ta volonté, mon seigneur Dieu, soit faite ! »

Frappé d'étonnement et de confusion,
En présence de tant de résignation,
Le pacha dit, mordant sa lèvre de Tatare,
Et pressant dans sa main sa barbe blanche et rare :
« Eh bien ! prince chrétien, Constantin Brancovan,
Des trois fils, ton espoir, tu vois, un seul te reste :
Si tu veux le sauver, préviens l'ordre funeste ;
Chrétien, renonce Christ et deviens musulman. »

« Vive Dieu ! J'ai vécu chrétien comme mes pères ;
Comme eux, comme mes fils, chrétien je veux mourir !
Et toi, ne pleure point, de peur de m'attendrir,
O mon dernier enfant ! songe, songe à tes frères,
Et ne vois que le ciel qui pour toi va s'ouvrir. »

Du terrible pacha les sourcils se froncèrent ;
Son œil rougit, sa voix tonna, ses dents grincèrent !

Il fit encore un signe, et du troisième enfant
La tête vint rouler à ses pieds, dans le sang.

Le père, vers le ciel levant encor la tête,
Dit : « Que ta volonté, mon seigneur Dieu, soit faite ! »

Mais sa voix n'était plus que soupirs et sanglots,
Et les larmes coulaient de ses yeux, à longs flots.
Puis, tout autour de lui se couvrit de ténèbres,
Ses yeux ne virent plus que visions funèbres ;
Son cœur se déchira de douleur et d'horreur.
Tout-à-coup, transporté d'une sainte fureur :

« Lâches, lâches brigands, cria-t-il, misérables !
Le Ciel m'avait donné trois enfants adorables,
Et vous me les avez égorgés tous les trois,
Comme font des agneaux les loups, au fond des bois !
Soyez maudits, et vous, et toute votre race !
Qu'il n'en reste ni nom, ni souvenir, ni trace !
Que vous n'ayez ni fils, ni femme, ni tombeaux !
Que vos cadavres soient le festin des corbeaux ! »

Les Tatares hideux, aux fronts de vautours chauves,
Sur le Prince, à ces mots, comme des bêtes fauves,
Bondirent à la fois, cimeterres au vent,
Le prirent aux cheveux, l'écorchèrent vivant,
Et, de paille emplissant la peau de la victime,
Étalèrent debout cette dépouille opime :

« Vieux Ghiaour, vieux ghiaour! dit le pacha-bourreau,
Ouvre les yeux, et vois si tu connais ta peau! »
L'héroïque martyr trouva dans son courage
La force de braver encore cette rage :

« Tatare au cœur de tigre, exécrable païen !
Enfonce aussi ta dent, dans ma chair palpitante :
Ma chair, mon cœur, mon âme, et ma voix expirante
Criront encore : Je suis chrétien, je meurs chrétien. »

HEDWIGE LA MAGHIARE

I

Elles sont belles en tout lieu,
    Les filles d'Ève,
Mais ce chef-d'œuvre du bon Dieu,
    Dont chacun rêve,

N'a nulle part si noble port,
    Si fière mine,
Si belle taille, cœur si fort
    Et peau si fine,

Que chez ce peuple redouté
    Du Turc barbare,
Et si dévot à la beauté,
    Le Maghiare.

Au temps où l'Osmanli païen,
    Allant en guerre,
Teignait du plus pur sang chrétien
    Son cimeterre;

Et qu'ivres, eux et leurs chevaux,
    De funérailles,
Les Sultans plantaient leurs drapeaux,
    Sur cent murailles;

Un héros hongrois, fiancé
    D'une héroïne,
Fut fait captif, trois fois blessé
    A la poitrine.

La jeune promise portait
    Le nom d'Hedwige;
De grâce et de beauté c'était
    Un vrai prodige.

Son âme forte était pourtant
    Plus belle encore
Que son beau visage éclatant
    Comme l'aurore.

Le promis avait nom Scander,
    Scander le Brave!
Fameux aux rives de l'Ister
    Et de la Save.

II

A la nouvelle du malheur,
    La Fiancée
N'eut plus dans sa tête et son cœur
    Qu'une pensée :

Seller son plus léger coursier,
    Se mettre en route,
Et délivrer le prisonnier,
    Coûte que coûte.

Et la voilà qui part sans bruit,
    Comme sans voile,
Et qui va courant dans la nuit,
    Nouvelle étoile.

Son cheval noir est un sméou,
    Qu'une caresse
Ferait voler je ne sais où,
    Pour sa maîtresse.

L'acier qu'elle brandit dans l'air,
    De feu ruisselle,
Et le loup fuit, au double éclair
    De sa prunelle.

Le vent au souffle le plus fort,
  Les hirondelles
Ne l'atteindraient pas sans effort,
  Malgré leurs ailes.

A travers le steppe muet,
  Sous la coupole
Du ciel qui regarde, inquiet,
  Hedwige vole.

La bête fauve, à son aspect,
  Dans les bois rentre,
Et de terreur, ou de respect,
  Gagne son antre.

A la voir, sans toucher le sol,
  Franchir l'espace,
On dirait de l'ange, en son vol,
  La grande face.

Elle glisse sur les marais
  Comme une flamme,
Elle traverse les forêts
  Comme une lame.

Steppes, ravins, fleuves, torrents,
  Sublime arête
Des monts, hantés des loups errants,
  Rien ne l'arrête.

Arrivée aux bords de l'Ister,
  Dont l'eau scintille
En nappe, pareille à la mer,
  La noble fille

S'y précipite, en animant
  D'une caresse,
Son coursier qui nage, écumant,
  Et plein d'adresse,

Fend, de son poitrail vigoureux,
  Le flot rebelle,
Comme il fendait l'air ténébreux,
  Faucon sans aile.

La vague, en vain, vient l'assaillir,
  Haute et rapide ;
Le cœur ne saurait défaillir
  A l'intrépide.

C'est plaisir de le voir dresser
  Sa tête vive,
Et comme un cygne s'avancer
  Vers l'autre rive.

Il y touche, il franchit du bord
  La hauteur sombre.
Là s'étend un camp où tout dort,
  Perdu dans l'ombre.

Des victorieux Osmanlis
    Là, par centaines,
Tentes, drapeaux, nattes, tapis,
    Couvrent les plaines.

Prudente, malgré son amour,
    La Maghiare,
D'un signe arrête son graour...
    Au camp barbare

Tout dort, en effet; seulement,
    Comme un athlète,
Qu'écraserait un monument;
    Le sol halète.

L'oreille au guet, le cou tendu,
    L'œil sur la plaine,
Le souffle même suspendu
    Et l'âme en peine;

La Fiancée attend, attend,
    D'angoisse étreinte;
Tout-à-coup, ô ciel ! elle entend
    Comme une plainte.

A ce faible gémissement,
    De fibre en fibre,
Comme un sympathique instrument,
    Tout son corps vibre.

Car elle a reconnu la voix,
　　Dont l'écho même,
Jadis lui redit tant de fois
　　Le doux « Je t'aime ! »

Elle avance d'un pas furtif;
　　Son cœur la mène,
Son cheval, pour elle craintif,
　　Effleure à peine

Ce sol où pêle-mêle gît,
　　Masse insondable,
Du grand padischah Baïasid
　　L'Ost formidable.

Tout-à-coup il lui semble ouïr,
　　O doux prodige !
Son nom dans un nouveau soupir :
　　« Hedwige ! Hedwige ! »

Elle s'élance, et voit Scander
　　Plus blanc qu'un marbre,
Des ombres de la mort couvert,
　　Au pied d'un arbre.

Ses yeux sont clos, ses bras, ses pieds,
　　Son cou qui tombe,
Immobiles, gisent liés,
　　Prêts pour la tombe.

Hedwige renfonçant au cœur
 Les larmes vaines,
Fait, sous un talisman vainqueur,
 Tomber les chaînes.

Et prenant son pauvre blessé,
 Plus froid que glace,
Sur son cheval, qui s'est baissé,
 Elle le place.

Puis elle-même, doucement,
 S'assied en croupe ;
Et, loin de ces lieux emportant
 L'étrange groupe,

Le graour reprend sans effroi,
 Sa course folle,
Et repassant le fleuve-roi,
 Il vole, il vole !...

Les astres, au plafond du ciel
 Brillent encore,
Lorsqu'il atteint du vieux castel
 Le seuil sonore.

Hedwige, en son appartement
 Porte elle-même,
Toujours du long sommeil dormant,
 Celui qu'elle aime.

Elle verse, d'un flacon d'or,
    Sur son visage,
Un philtre, merveilleux trésor,
    Œuvre d'un mage,

Dont la puissance peut briser
    Le sceau suprême
Au front où vient de le poser
    Le trépas même.

Mais cette fois, ô désespoir !
    Le philtre échoue ;
De tout effort, de tout espoir,
    La Mort se joue.

Hedwige voyant son malheur,
    Devient Statue ;
Et, d'un dernier coup, la douleur
    Soudain la tue !

Sur le corps de son bien-aimé,
    Son corps s'affaisse ;
Le sacrifice est consommé !
    L'angoisse cesse !

Ainsi la Mort les réunit !
    La même tombe
Reçoit le héros en son lit
    Et sa colombe.

III

Pour les jeunes et pour les vieux,
    Pleine de charmes,
Leur histoire, de tous les yeux
    Tira des larmes.

On entoura leur monument
    De fleurs mystiques,
Et l'on s'engagea par serment
    Sur leurs reliques.

Les rhapsodes aux luths pieux,
    Pour eux rimèrent,
Et dans des lais harmonieux
    Les célébrèrent.

La légende de leurs amours
    En cent doïnes
Résonne encore de nos jours
    Dans les chaumines,

De ce peuple, si redouté
    Du Turc barbare,
Et si dévot à la beauté,
    Le Maghiare.

DOÏNES

LA DOÏNE

Si j'avais belle aux blondes tresses,
Belle de quinze à dix-sept ans,
Aux grands yeux bleus, pleins de caresses,
Comme les rayons du printemps ;

Je ravirais sa voix sonore
Au bulbul qui se tait le jour,
Et qui, de la nuit à l'aurore,
Chante la Doïne d'amour.

Si j'avais longue carabine
D'Albanais à l'œil d'épervier,
Et cheval de la Palestine,
Ce trône vivant du guerrier;

Si j'avais sept frères de guerre,
Hardis et montés comme moi,
Dans leurs yeux portant le tonnerre,
Dans leur poitrine un cœur de roi;

Contre mainte maudite engeance,
J'irais chantant par les chemins,
La Doïne de la vengeance,
La Doïne des vieux Roumains.

Et je dirais à mon amie :
« Allons, ma belle, à nos amours.
Le temps fuit et ne revient mie.
Honni soit qui perd ses beaux jours. »

Je dirais au coursier fidèle,
Avec une caresse : « Allons !
Et plus vite que l'hirondelle,
Franchis les plaines et les monts. »

Je dirais enfin aux sept frères :
« Aux combats avant de courir,
Par la croix sainte et par nos mères,
Jurons de vaincre ou de mourir. »

Maintenant, au vent nos épées,
Et qu'au fourreau, vaillantes sœurs,
Elles ne rentrent que trempées
Du sang de tous nos oppresseurs !

MARITZICA & ZOÏTZA

(MARIE ET ZOÉ)

Maritzica la brune et Zoïtza la blonde,
Orphelines et sœurs, malgré leurs yeux charmants,
Leur dot, leurs pieds mignons, leur fine taille ronde,
Ont, sans voir d'amoureux, atteint leurs dix-huit ans.

Un vieux tuteur avare, au front blême, aux yeux caves,
Pour jouir de leur bien, les tient sous les verrous,
Ou condamne leurs mains à des travaux d'esclaves,
Dans des lieux où l'on voit moins d'hommes que de loups.

Mais la jeunesse au cœur se sent tant d'espérance !
L'illusion lui fait tant de félicité,
Que, persécutions, ennuis, chagrin, souffrance,
Comme un nuage au ciel passent sur sa gaîté.

Marie et Zoïtza, loin de perdre courage,
De leur persécuteur se moquent bravement,
Et savent, tous les jours, alertes à l'ouvrage,
Pour rire ou pour rêver, trouver plus d'un moment.

Que font-elles là-bas ? Elles lavent la laine,
Dépouille des brebis et des tendres agneaux,
Et rêvant d'avenir, au bord de la fontaine,
Elles jasent, ainsi que feraient deux moineaux.

« Oui, quand le vent du soir, aux souffles fatidiques,
Doucement remûra les feuilles du bouleau,
Ensemble nous dirons les mots cabalistiques,
Et regardant, d'un œil avide, au fond de l'eau,

Nous y verrons, ainsi qu'en un miroir limpide,
Les dons qu'aux mains du temps, le sort a mis pour nous;
Des ans, bons ou mauvais, le passage rapide,
Et jeunes beaux promis, ou vilains vieux époux. »

Et la main dans la main, les laveuses naïves !
Quand frémit le bouleau sous l'haleine du soir,
Sur l'humide cristal, se penchant, attentives,
Et le cœur tout battant d'épouvante et d'espoir,

Elles disent tout bas, et d'une voix qui tremble,
Les mots mystérieux, au magique pouvoir ;
Que leur apprit naguère un sorcier qui ressemble,
Ressemble, à s'y méprendre, au grand archange noir.

Et voilà que bientôt deux ombres, deux figures,
Visibles au travers du beau flot argentin,
S'élèvent, en flottant, du fond des ondes pures,
Comme l'esprit qu'entraîne un rêve, le matin.

Blondes comme les blés, pâles comme l'automne,
Ces ombres ont des yeux remplis d'un feu divin,
Et glissent, souriant, dans l'onde qui frissonne,
Ainsi que doit glisser dans l'air un séraphin.

Déjà leurs doux regards ont fasciné nos belles,
Comme l'œil des serpents fascine les oiseaux ;
Mais, voilà que soudain deux images nouvelles,
Les remplacent au fond des merveilleuses eaux.

Ces deux ombres n'ont rien des premières venues ;
Elles semblent dans l'eau grandes comme des tours ;
Un bois de poils s'étend sur leurs poitrines nues,
Sous leurs larges sourcils brille l'œil des vautours.

Mais dans leur énergique et farouche nature,
Avec leurs traits hâlés, leur regard sans merci,
Leur forêt de cheveux et leur mâle stature,
Elles sont cependant belles à voir aussi.

Les deux sœurs, un moment, de surprise éperdues,
Se jettent un coup d'œil et se serrent la main :
« Ce sont nos fiancés, disent-elles émues ;
Peut-être viendront-ils nous délivrer demain.

« Quel prodige nouveau ! regarde donc, ma chère !
Ces ombres, sur ma foi ! vers nous tendent les bras.
L'une vient te saisir, l'autre déjà me serre....
Sauve-toi ! sauve-toi !.... moi, je me meurs, hélas ! »

Et des lèvres de feu, sous des baisers de flamme,
Leur ferment tour à tour et la bouche et les yeux,
Et des bras enlaçant leur corps, qui plie et pâme,
Les emportent bien loin comme un duvet soyeux.

Depuis lors, nul n'a vu Zoïtza ni Marie
Aller laver la laine à la source aux flots clairs ;
Elles ont maintenant une toute autre vie,
Courant par les chemins, dormant dans les bois verts.

Leur labeur, maintenant, c'est de faire des balles,
De rendre son éclat à la lame d'acier ;
Leur bonheur de voler aux luttes inégales,
Entre deux fiers brigands sur un léger coursier.

C'est que depuis le jour qu'aux prophétiques ondes,
Sous des baisers de feu leur âme a tressailli,
Nos belles ont suivi dans les forêts profondes,
Sans qu'au péril jamais le cœur leur ait failli,

Deux braves, à la face à tous les vents hâlée,
Sur leurs pieds et leurs reins fermes comme des tours,
Dont les pas font trembler le mont et la vallée,
Et dont l'œil a l'éclair de celui des vautours.

LE GUERRIER & LA JEUNE FILLE

— « Jeune guerrier, toujours en quête
De périls et de grands exploits,
Si tu tiens à tes jours, arrête !
Car le Dragon, là-haut, te guette,
Là-haut, sur le mont aux Trois Croix.

— Jeune fille à la noire tresse,
De par Dieu ! pour moi ne crains pas.
Bientôt tu verras mon adresse,
Et le dragon, dans sa détresse,
Saura ce que pèse mon bras.

— Cœur de lion et voix de femme !
Hardi jeune homme, écoute-moi.
Ce monstre affreux vomit la flamme,
Ses yeux ont l'éclair de ta lame !
D'un tel combat détourne-toi.

— Ange de ce lieu solitaire,
Apprends de moi que tout dragon,
D'un bout à l'autre de la terre,
Ainsi que devant le tonnerre,
Tremble et s'humilie, à mon nom.

— Jeune héros qui, pour la gloire,
Affronterais mille trépas,
Quand du dragon la gueule noire
Vient à s'ouvrir, d'une mâchoire
Il touche au ciel, de l'autre en bas.

Tant mieux ! ainsi que dans un antre,
Belle enfant, je pénétrerai
Dans les cavernes de son ventre,
Et lui perçant les flancs au centre,
Du monstre mort je sortirai.

— Héros de la sphère étoilée,
Ce monstre, à nul autre pareil,
Franchit d'un pas mont et vallée,
Et la terre tremble ébranlée,
Quand il éternue au soleil !

— O fleur, de tous les dons ornée !
Mon coursier, frère de Graour.
Passe l'hirondelle étonnée,
Et peut, en moins d'une journée,
Du monde entier faire le tour.

— Vaillant au courage suprême,
Ne tente pas ainsi le sort;
Je t'en conjure par toi-même,
Laisse le Dragon. Car je t'aime,
Je t'aime... à mourir de ta mort !...

— Tu m'aimes, et Dieu m'accompagne !
Rien ne peut plus me retenir.
Pour ton amour, ô ma compagne !
Je vais cueillir sur la montagne !
Le laurier de gloire, ou mourir ! »

LE VŒU D'UNE ROUMAINE

Si j'avais le bonheur que ce fut le plaisir
Du bon Dieu, qui peut tout, d'exaucer mon désir;
S'il voulait me donner, lui qui de tous est père,
Un beau petit enfant, ange aimé de sa mère !...

Tant que dure la nuit, tant que dure le jour,
Je lui chuchoterais des paroles d'amour;
Mes bras lui formeraient un berceau de tendresses,
Et je n'aurais pour lui que baisers et caresses.

Si c'était un effet de la bonté de Dieu
D'écouter ma prière et d'exaucer mon vœu;
S'il voulait me donner, lui qui de tous est père,
Un garçon, le héros bien-aimé de sa mère.

On n'en trouverait pas, sous le bleu firmament,
Un autre plus chéri, plus mignon, plus charmant;
Et nulle mère, oui, nulle autre mère au monde,
N'aurait à caresser si belle tête blonde.

Son visage unirait, à l'écume pareil,
La douceur de l'étoile à l'éclat du soleil :
Ses grands yeux aux longs cils seraient incomparables,
Et pas un autre enfant n'en aurait de semblables.

Et moi, sa mère, moi, fière d'un tel honneur,
Et le cœur débordant de joie et de bonheur,
Je baiserais sans fin ses yeux, ses lèvres roses,
Et je lui chanterais les plus divines choses...

Et je consulterais pour mon petit enfant,
Non pas un enchanteur, — le bon Dieu le défend ! —
Mais un ermite, un saint, au radieux visage,
Qui me le vêtirait de force et de courage...

Et mon fils deviendrait un brave, un héros, tel
Que saint Georges lui-même, ou l'archange Michel!
Et chacun avoûrait, témoin des coups qu'il porte,
Que l'on ne vit jamais un brave de la sorte !...

Et je le bercerais sur mon sein, endormi,
Et je ne dormirais moi-même qu'à demi,
Pour être toujours prête, en fidèle nourrice,
Qui de son nourrisson fait son plus cher délice;

Pour être toujours prête, à son moindre désir,
Et le baiser encore, et faire son plaisir,
Et regarder comment il dort, rêve, ou respire,
Et, suprême bonheur ! aux anges le voir rire !

LE PETIT OISEAU [1]

« Cher petit oiseau blanc, sur le bord de ton nid
Pourquoi restes-tu donc, inquiet, solitaire?
Le ciel n'est-il pas pur? l'eau qui te désaltère,
Ne coule-t-elle pas claire sur le granit?

Ainsi que du ramier la compagne captive,
Pourquoi soupires-tu d'une voix si plaintive,
Quand tes frères, là-bas, alertes et joyeux,
Sur les rameaux des bois chantent, à qui mieux mieux?

Dis, cher petit oiseau, quelle douleur amère
Oppresse ainsi ton cœur, ton pauvre cœur navré,
Que tu gémis, hélas! plus triste qu'une mère
A qui la mort ravit un enfant adoré? »

— « Frère, le ciel est pur, et du ruisseau limpide
L'eau coule toujours claire en son lit de granit;

1. Le petit oiseau, c'est la Roumanie.

Mais, à l'horizon noir monte un Vautour[1] rapide. »
Il envahit l'espace, il atteint au zénith ;
Déjà mon œil se trouble aux feux de sa prunelle,
Il aiguise son bec, et sa serre cruelle,
Toute teinte de sang, s'allonge vers mon nid !...

1. Le Vautour, c'est la Russie.

LA KORA

(LA RONDE)

« Allons, que la ronde commence,
Sous le vieux chêne aux grands rameaux!
Que les mains forment les anneaux,
Que les pieds frappent en cadence!

Mets dans ma main tes doigts si prompts
A laver et filer la laine;
Comme le soir, à la fontaine,
Mets dans ma main tes doigts mignons,
Ma Lica, ma petite Hélène.

Et vous, corbeaux, gibier d'enfer,
Bohémiens aux pieds de fer!
Faites raisonner vos musettes,
Vos fifres et vos clarinettes,
Vos flûtes et vos tambourins;

Car j'ai pour vous dans le bois sombre,
Dont jusqu'à nous arrive l'ombre,
Bonne massue et bons gourdins.
Allons ! vite, ou gare à vos reins !

Et vous, amis, pour qui le monde
N'a rien d'aussi beau qu'une ronde,
Faites aussi votre devoir,
Le jarret ferme, jusqu'au soir !
Car ma Lica, ma bien-aimée,
Belle comme un jour de printemps,
Ou comme une rose animée,
Fête aujourd'hui ses dix-sept ans.

Sous ce chêne aux bras séculaires,
Témoin des rondes de nos pères,
Dansons donc en braves Roumains ;
Frappons des pieds, battons des mains !
Car cette bouche si mignonne,
Qui me sourit, jette des sorts,
Et je crois bien, — Dieu lui pardonne ! —
Qu'elle m'a mis le diable au corps.

Comme au chapeau d'un capitaine,
Les perles brillent par centaine,
A mon chapeau, parmi les fleurs ;
Je l'ai paré de trois couleurs,
Ce matin, le long de la plaine,

Afin que ma petite Hélène,
De son plus amoureux coup-d'œil,
Me regardât avec orgueil.

Ma large chemise flottante,
De soie et d'or est éclatante ;
Comme l'œil d'un jeune coursier,
Luit mon poignard de fin acier.
De mon amie œuvre coquette,
Ma bourse, déjà rondelette,
Pend à ma ceinture, et produit
Ce son argentin, dont le bruit
Fait soudain, comme une merveille,
A qui l'entend dresser l'oreille.

Personne ne me fait la loi ;
Ma bien-aimée est près de moi ;
Nos pieds et nos cœurs, en cadence,
Dansent, heureux, la même danse.
Vivent la joie et le plaisir !
Sot qui ne sait pas les saisir.

Moi, je ne crains plus rien au monde,
Boyard, ni prince, ni sultan ;
Je ris du tonnerre qui gronde,
Et je fais la nique à Satan.

Dansons donc, compagnons que j'aime,
Que le sol tremble sous nos pas,
Et que les anges et Dieu même
S'émerveillent de nos ébats.

Foin des impôts et de la pelle,
Et de la cote personnelle,
Et de la corvée éternelle !
Foin de la peur et du souci !
C'est fête aujourd'hui, Dieu merci !
Les légères escarpolettes
Là-bas, balancent les fillettes ;
Les fiancés se font la cour ;
Les oiseaux se pâment d'amour ;
Chacun suit sa pente, ou sa voie.
Donnons-nous-en donc à cœur joie.
Allons, *Tzigani !* que vos airs
Courent comme au ciel les éclairs,
Et que je meure, à bout d'haleine,
En dansant avec mon Hélène !

SBOURATOROUL

(LE SYLPHE)

« Connais-tu pas, ma sœur chérie,
Connais-tu pas cette chanson
Qui dit, qu'à l'heure où le rayon
Abandonnant l'herbe fleurie,
S'en va, le soir, quand le jour fuit,
Dans la feuille qui se replie,
Se cacher pour passer la nuit ?
Le Sylphe, à travers les charmilles,
Hardi, poursuit les jeunes filles,
Qui vont, seules, au bois prochain,
Cueillir les fraises odorantes,
Et portent des fleurs éclatantes,
Juste comme toi, sur leur sein ?

« Le Sylphe, d'une main traîtresse,
Leur vole les fruits savoureux ;
Puis, invisible, les caresse,

Et, dans ses transports amoureux,
Les mord sur leur lèvre qu'il presse.
Tu n'as pas de fraises, ma sœur !
Ta lèvre est mordue !... Au bois sombre,
Dis-moi, n'aurais-tu pas, dans l'ombre
Rencontré le Sylphe trompeur ?

— « Ma sœur chérie, ô ma sœurette !
Le Sylphe mâlin, dit encor,
Dans ses couplets, la chansonnette,
Aime, lorsque les rayons d'or
Rêvent endormis au bois sombre,
A lutiner, de même ardeur,
Et de même, enveloppé d'ombre,
Les jeunes filles qui, sans peur,
S'en vont cueillir la violette,
Et sur leur gorge mignonnette,
Superbement, portent, ma foi !
Colliers de perles comme toi.

Le beau Sylphe, dans son audace,
Rompt les colliers en lutinant,
Et les baisers couvrent la place,
Des perles qui vont ruisselant.
Où donc sont tes perles, ma chère ?
Sœur, qu'as-tu fait de ton collier ?
N'aurais-tu pas dans le hallier
Trouvé le Sylphe téméraire ?... »

Ensemble ainsi s'acheminaient,
Le soir, vers une maison blanche,
Et follement se taquinaient
Deux belles aux yeux de pervenche ;
Tandis que, d'un air glorieux,
Sortant du bois mystérieux,
Deux cavaliers, de mâle allure,
Attachaient, l'un, à sa ceinture,
Des perles de la plus belle eau,
L'autre, en riant de l'aventure,
Un gros bouquet à son chapeau.

ZAMFIRE

Elle était si charmante et si belle, Zamfire,
Que de la voir passer, ou de l'entendre rire,
    C'était du bonheur pour un jour.
Sa beauté dont l'éclat embellissait le monde,
Son sourire, sa voix répandaient à la ronde
    Comme des effluves d'amour.

Ses longs cheveux flottaient, plus noirs que le nuage,
Qui porte dans ses flancs et la foudre et l'orage,
    De sa tête à son pied vermeil ;
Et contre les ardeurs du jour, l'heureuse fille
S'en faisait, en riant, la plus riche mantille
    Où se fût joué le soleil.

Sa taille, sa démarche et son port et son geste
Avaient je ne sais quoi de si vraiment céleste
    Qu'elle émerveillait tous les yeux.
Les cygnes admiraient sa grâce souveraine,
Les fleurs en raffolaient, et la rose, leur reine,
    Disait : « C'est quelque lis des cieux. »

Ses moindres actions avaient ce charme étrange
Qui fait que tout-à-coup la femme devient ange,
    Et fascine, sans le savoir.
Tout en elle exerçait ce prestige magique,
Dont le cœur et les yeux, comme un coup électrique,
    Sentent l'invincible pouvoir.

Mais, lorsqu'elle portait, nouvelle canéphore,
Comme la vierge antique, une élégante amphore,
    Marchant d'un pas grave et charmant,
Et que la double fleur, sur son doux sein éclose,
Aux mouvements égaux de sa poitrine rose,
    Se soulevait légèrement ;

Oh ! tout passant alors, en la voyant si belle,
Lui demandait à boire, et l'œil fixé sur elle,
    Longtemps, lentement, il buvait ;
Puis tout en s'éloignant, l'âme émue et ravie,
Il gravait dans son cœur ce moment de sa vie,
    Et jusqu'à la mort y rêvait.

Elle chantait ainsi que chante l'alouette,
L'été, quand sa légère et frêle silhouette
    Comme un trait monte au firmament.
La campagne, à ce chant, tressaillait d'allégresse,
Les bois, les prés, les fleurs, pour la voix charmeresse,
    Avaient leur applaudissement.

Souvent les vieillards même à la barbe éclatante,
Cercle patriarcal, assis devant la tente,
  Le soir, l'écoutaient transportés.
Souvent ils consultaient pour leur chère Zamfire
Les astres et les sorts ; et tous de lui prédire
  Mille et mille félicités !

Mais, une nuit, pour elle, au fond de la bruyère,
Une vieille Egyptienne, à face de sorcière,
  Consultant les grains de maïs,
S'écria tout-à-coup : « O fillette charmante !
  Fuis le bel étranger à la voix caressante,
  Qui s'avance vers ce pays ! »

Et Zamfire, depuis, sous le céleste dôme,
Voyait, toutes les nuits, glisser un beau fantôme
  Qui tendrement la contemplait ;
Et le sommeil fuyait sa paupière affaissée
Et de vagues désirs embrasaient sa pensée :
  Son corps tremblait, son cœur brûlait.

Souvent, sur la colline, elle allait à la brune,
Attendre, l'œil au ciel, le lever de la lune,
  Croyant, dans son mortel souci,
Que ce bel astre était touché de sa souffrance,
Et, parfois, d'un accent éperdu d'espérance,
  Elle le suppliait ainsi :

« O Croissant lumineux, dont le regard m'assiste,
Tu me trouves, ce soir, les yeux en pleurs, bien triste,
    En proie à je ne sais quel mal.
Plein de trouble, mon cœur et regrette et désire ;
Mais de quoi ? mais pour quoi ? Je ne saurais le dire.
    Tourment cruel ! secret fatal !

Mon pauvre cœur entend des voix mystérieuses,
Qui lui parlent, la nuit, tout bas, mélodieuses,
    A travers des nuages d'or ;
Et, lorsque, à l'horizon, sur l'ombre blanchissante,
Le jour, de ses splendeurs jette l'aube éclatante,
    A ses songes il rêve encor.

Salut ! Croissant divin ! salut, chaste lumière !
Lorsque tu t'en iras, poursuivant ta carrière
    Où s'en est allé le soleil ;
Sur un de tes rayons, du mal qui me consume,
Lune, à mes yeux si chère, emporte l'amertume ;
    Rends à mon cœur son doux sommeil.

Du splendide infini de la céleste voûte
Laisse, laisse tomber à mes pieds, sur ma route,
    Un grand collier de beaux ducats,
Des babouches de pourpre et d'or, avec un voile,
    De jeune mariée, aussi blanc que l'étoile,
    Qui marche et sourit sur tes pas.

Oh! laisse-moi, surtout, rassurée et calmée!
Et couronne mes vœux, ô Lune bien-aimée,
  Avant de quitter notre ciel. »
  Elle dit, et voilà que l'ayant entendue,
Soudain, un beau jeune homme apparaît à sa vue,
  Semblable à l'ange Gabriel.

Doux étaient, à ravir, les yeux et le visage,
Le sourire et la voix, et l'air et le langage
  Du mystérieux voyageur.
Et cette nuit fut courte!... et l'aurore nouvelle
Trouva la belle enfant plus rayonnante qu'elle,
  Dans une extase de bonheur.

Trois jours après brillait au beau cou de Zamfire
Un collier de ducats, qui la faisait sourire
  Comme une ange du paradis.
Un voile blanc flottait sur ses boucles soyeuses,
Mais de son teint si frais les roses merveilleuses
  Avaient déjà fait place aux lis.

Trois jours après, la lune, à sa course infidèle,
Disparut. L'étranger disparut avec elle,
  Pour ne plus revenir, hélas!
Sur le bord du chemin s'assit la délaissée,
Attendant et pleurant, colombe à mort blessée...
  Mais l'étranger ne revint pas.

Trois jours après, au fond de la verte vallée,
Au pied d'un jeune saule, une tombe isolée
  Avait reçu son corps charmant;
Et, dans le vent des nuits, plus d'une âme attentive,
Longtemps ouit passer, comme une voix plaintive,
  Qui disait douloureusement :

« Jeune fille, qui vas, le soir, sur la colline,
Confier les secrets de ton âme chagrine
  Au céleste et sacré flambeau,
Lorsque la nuit répand son ombre alanguissante,
Fuis le bel étranger à la voix caressante,
  Dont le charme mène au tombeau. »

LA NONNE & LE BRIGAND

I

Sur la montagne au front sublime,
Où le sapin balance au vent
    Sa verte cime,
S'élève, penché sur l'abîme,
    Un vieux couvent,

Où Lica, la nonne charmante,
Victime d'un tuteur dévot,
    Comme une amante,
Loin du bien-aimé, se lamente
    En son cachot.

Son cachot est une chambrette
Donnant sur un gouffre profond,
    Une oubliette !
Le gouffre hurle, et la chouette
    Y chante au fond.

Hiver, été, printemps, automne,
De roc en roc, lugubrement,
    Tombe et résonne
Une cascade monotone,
    En écumant.

De sapins un bois millénaire,
Sombre comme un mur de prison,
    Un vrai repaire !
S'étend en forme circulaire,
    A l'horizon.

Les aigles et les gypaètes,
Brigands de l'air, y font le guet,
    Dans les tempêtes,
Ou rêvent comme les poètes,
    A leur sommet.

II

Là, dans les cavernes réside
Grik, des lois le fier contempteur,
　　Grik l'intrépide,
Qui, du Phanariote avide
　　Est la terreur.

Lorsque Grik se met en campagne,
Sur son graour, aux pieds d'acier,
　　Dieu l'accompagne ;
Car il parcourt plaine et montagne,
　　En justicier.

A son nom, à sa voix qui tonne,
Le Phanariote blêmit,
　　Le Grec frissonne,
Au Tchokoi[1] l'oreille bourdonne,
　　Le pauvre rit !

III

Mais quelle aventure nouvelle
Le brave rêve-t-il, ce soir,
　　En sa cervelle,
Et pourquoi fait-il sentinelle,
　　Sous ce mur noir ?

1. Prononcez *oi* en diphthongue, comme en italien, *noi*, *voi*.

Attendez!... La nonnette pâle,
A la fenêtre, l'air pensif,
　　Par intervalle,
Du haut de sa prison exhale
　　Soupir plaintif.

« Hélas! malheureuse! dit-elle,
Je suis l'oiseau, que l'oiseleur,
　　Encor sans aile,
Ravit sous l'aile maternelle,
　　Pour la douleur.

Le monde et son brillant mirage,
Les enivrements des beaux jours,
　　Le doux passage
Des félicités du bel âge
　　Et des amours,

Mes yeux ne les verront qu'en songe!
Toujours leur charme et leur douceur,
　　Seront mensonge,
Pour mon esprit, que l'ennui ronge,
　　Et pour mon cœur.

Pareille à la fleur étoilée,
Que brûle Avril, cruel destin!
　　De sa gelée,
Je meurs, pauvre fleur étiolée,
　　A mon matin.

Viens donc, ô Mort libératrice !
Et de ma lèvre, ange du ciel,
  A tous propice,
Écarte mon amer calice,
  Rempli de fiel. »

— « Quel vœu fatal oses-tu faire,
Chaste beauté, vierge de Dieu !
  Dont l'œil éclaire,
Comme une étoile tutélaire,
  Ce sombre lieu !

Laisse là la prison funeste,
Où le fanatisme maudit,
  Fille céleste,
Par des vœux que le ciel déteste,
  T'ensevelit.

Veux-tu que de tes deux prunelles
Le bonheur jaillisse en éclair
  Plein d'étincelles,
Et que ton cœur pousse des ailes
  A fendre l'air ?

Viens, ô sœur, au joug asservie,
Au sein de mon palais d'été,
  Goûter la vie
Et le fruit que chacun envie,
  La Liberté !

Viens, ô ma sœur, toi que j'adore,
Avec nous, d'un accent vainqueur,
　　Au bois sonore,
Chanter la doïne du dorre [1],
　　Si douce au cœur !

Viens voir quelle étrange figure
Fait le Tchokoï, lâche et hautain,
　　Quand d'aventure,
Il nous rencontre, et la posture,
　　Qu'il prend soudain.

J'ai deux coursiers, fils des Sméines [2],
Enlevés au khan des Tatars,
　　Trois carabines,
Trois pistolets aux gueules fines
　　Et trois kangiars.

J'ai douze gars à l'œil de flamme,
Qui m'obéissent comme au bras
　　Massue et lame,
Et qui valent bien, sur mon âme !
　　Mille soldats.

Je porte à mon doigt une opale,
Qui luit comme ton œil songeur,

---

1. Du latin, *dolere*, regret plein d'amour.
2. Femelles des Sméi ou dragons.

Quand, triste et pâle,
Tu suis la pensée idéale
De ton bonheur.

Tu mèneras les rondes folles
Où nous courons tous comme au feu,
Sous des coupoles,
Que de milliers de girandoles,
Éclaire Dieu.

Si tu veux tressaillir joyeuse,
Comme dans la belle saison,
La fleur soyeuse,
Laisse là ta bure odieuse,
Et ta prison.

Viens, suis le brave qui t'invite
Aux rires, aux chants, aux amours.
Le temps fuit vite !
Heureux et sage, qui profite
De ses beaux jours.

Tiens ! voici l'échelle de soie !
Par ce chemin libérateur,
Que Dieu t'envoie,
Descends ! Au bout de cette voie
Est le bonheur. »

IV

Dieu sait ce que fit la nonnette...
Mais, depuis, nul soupir ne sort
  De sa chambrette,
Et l'on n'entend que la chouette,
  Oiseau de mort,

La nuit, sur le noir mont sublime,
Où le sapin balance au vent
  Sa verte cime,
Et d'où se penche sur l'abîme,
  Le vieux couvent.

CINEL-CINEL [1]

Assis auprès de la bergère,
Le berger dit : « Cinel-cinel !
Deux astres désertant le ciel,
Sont venus, d'une aile légère,
Sous tes noirs sourcils se poser.
Devine, ma chère, devine,
Ou je vais, d'un double baiser,
Couvrir leur lumière divine. »

Comme elle ne devinait pas,
Cherchant en vain dans sa pensée,
Le berger étendit les bras,
Et l'innocente embarrassée,
Sur les deux yeux fut embrassée.

---

1. Devine, devine ! La doïne tourne ici à l'idylle, comme elle est devenue dans *Zaïnfire*, une véritable élégie lamartinienne.

Fier de ce début engageant,
Le gaillard en se rengorgeant,
Dit encore : « Quand elle est close,
C'est une charmante fleur rose ;
Quand elle s'ouvre, l'œil, au guet,
Aperçoit des fleurs de muguet.
Cette mignonnette merveille
Entre tes lèvres rit vermeille.
Devine vite, ou par le ciel !
Je l'embrasse ! Cinel-cinel ! »

Et tandis que dans sa cervelle
Cherchait en vain la pastourelle,
L'heureux luron de s'empresser
Sur la bouche de l'embrasser.

A la petite réjouie
Que n'effarouchait point ce jeu,
Le berger dit enfin : Vrai Dieu !
Après quinze ans épanouie
Une double fleur hardiment
Veut s'élancer au firmament ;
Mais toi, pour elle trop craintive,
Tu la retiens, pauvre captive,
Aux lieux où Dieu la fit pousser.
Devine, ou je vais l'embrasser. »

Et comme à demi-sérieuse,
L'index sur sa bouche rieuse,

Elle cherchait ; l'audacieux
Prit deux baisers sur les bouts roses
De deux fleurs fraîchement écloses
Dans le jardin mystérieux,
Qu'expose trop souvent la femme,
Pour la perdition de l'âme,
A la convoitise des yeux.

UNE JEUNE ROUMAINE A SA FIGURE

EN SE MIRANT A LA FONTAINE

« O mon front aussi blanc que la neige qui tombe,
Ou le marbre poli d'une nouvelle tombe !
O mes yeux aussi noirs que la mûre des bois !
O mon teint aussi pur, ô ma joue aussi fraîche
Que le bouton de rose, et le lis et la pêche !
O ma lèvre, pareille à la pourpre des rois !
O mon cou, tout fleuri de si beaux petits signes !
Mon cou blanc, souple et rond, comme celui des cygnes !...

    Si je pouvais penser, ô chers trésors d'amour !
        Nid de baisers et de tendresses !
    Si je pouvais penser qu'un jour
Un vieux mari vous dût souiller de ses caresses...

J'irais dans nos islaz¹, le long de nos chemins,
Cueillir l'absinthe, à pleines mains ;
J'en ferais ruisseler le suc en verte écume,
Et je vous laverais avec cette amertume,
Pour le forcer, cet homme, objet de ma terreur,
A fuir, bien loin de moi, d'épouvante et d'horreur !
Mais non, jamais, jamais! vous ne serez, j'espère,
Qu'à celui que mon cœur au monde entier préfère...

Alors, matin et soir, mes mains,
Vous laveront avec les parfums des jasmins,
De l'œillet, de la violette,
De la rose, du thym et de toutes fleurs,
Qui, d'un visage de fillette
Font le plus beau jardin d'odeurs et de couleurs. »

1. Pâturages.

MIORITZA

(LA PETITE BREBIS)

Le long d'une montagne à la pente fleurie,
D'où l'œil embrasse au loin des coteaux enchanteurs,
Voici, joyeusement, descendre à la prairie
Trois grands troupeaux bêlants, conduits par trois pasteurs.

L'un est un jeune gars, habitant de la plaine,
Un pastoureau moldave, à ceinture de laine,
Qui, sur son chalumeau, va chantant tout le jour,
Mélancoliquement, des doïnes d'amour.

Les autres, montagnards, aux farouches allures,
Aux jaunâtres sayons, aux rousses chevelures,
Tiennent conseil, tout bas, museau contre museau ;
Et le couvant d'un œil que la haine envenime,
Ils se disent, certains qu'il sera leur victime :
« Il ne chantera plus demain, le damoiseau ! »

Ils veulent, en effet, dans leur jalouse haine,
Au coucher du soleil, tuer leur compagnon;
Parce que sa ceinture est de plus fine laine,
Parce qu'à son air doux, à son parler mignon,
Pour lui se prend d'amour toute gente bergère ;
Parce que son troupeau plus que le leur prospère ;
Parce que les brebis l'aiment, et que leurs chiens
Sont moins braves, moins forts et moins beaux que les siens.

Du Moldave pourtant la brebis favorite,
A la blanche toison, ronde et toute petite,
Mioritza, qui sautait, comme un chevreau lascif,
Depuis trois jours gémit d'une voix douloureuse,
Et, triste, sans toucher à l'herbe savoureuse,
Derrière le troupeau, marche d'un pas tardif.

« Qu'as-tu, dit le berger, ma brebis rondelette,
Que, depuis trois longs jours, tristement tu gémis?
De nos islaz[1], dis-moi, n'aimes-tu plus l'herbette,
Ou serais-tu malade, ô ma chère brebis ?

— Cher maître, mène-nous là-bas, près du bois sombre,
Où pour nous, l'herbe drue abonde, et pour toi l'ombre ;
Surtout, mon doux berger, à tes côtés, retiens
Le plus brave et le plus fidèle de tes chiens ;
Car tes noirs compagnons, dans leur cruelle envie,
Au coucher du soleil, veulent t'ôter la vie.

1. Pâturage.

— Eh bien! si tu dis vrai, prophétique brebis,
Si tel est mon destin, que, loin de mon village,
Il me faille mourir en ce vert pâturage,
Des mains mêmes de ceux que je crus mes amis ;
Aux auteurs de ma mort, dis de creuser ma tombe,
Dans l'enclos du bercail, sous l'arbre où la colombe
Soupire ses amours, pour qu'au fond du tombeau,
Me réjouisse encor la voix de mon troupeau.

Tu leur diras aussi de ta voix désolée,
De placer au chevet de ma tombe isolée,
Une flûte de hêtre aux amoureux accents,
Puis une flûte en os aux sons attendrissants,
Puis une de sureau, dont les notes plus vives,
Retentissent au loin, sonores et naïves.

Et, lorsque souffleront, à travers leurs tuyaux,
Les brises qui le soir font chanter les roseaux,
Il s'en exhalera comme des voix plaintives,
Et mes chiens bien-aimés, et les brebis, tes sœurs,
S'en viendront, attirés par la même pensée,
Le long de la prairie et de la haie en fleurs,
Pleurant, en longue file, et la tête baissée,
Sur ma tombe gémir si douloureusement,
Que les bois répondront à leur gémissement,
Et qu'on verra pleurer mes meurtriers eux-mêmes.

Mais ne leur parle pas du meurtre, si tu m'aimes,
O ma chère brebis ! et dis-leur seulement,

Oui, dis-leur seulement, que j'ai pris pour épouse,
La Promise du monde! une reine jalouse,
Riche comme la terre, en un lointain pays,
Plein de palais et beau comme le paradis.
Dis-leur qu'en tout l'éclat, dont Dieu les environne,
Le Soleil et la Lune ont tenu ma couronne;
Qu'au-dessus de mon front, du zénith constellé,
Au moment de ma noce, une étoile a filé,
Et que j'eus pour témoins les chênes fatidiques,
Pour autels les hauts monts, de manteaux blancs couverts,
Pour prêtres les sapins aux rameaux toujours verts,
Pour orchestre les vents aux souffles prophétiques,
Les cascades des bois et des milliers d'oiseaux,
Et les yeux du bon Dieu, les astres, pour flambeaux.

Mais si tu rencontrais, dans la plaine égarée,
Une mère aux regards navrés de désespoir,
Courant à travers champs, et du matin au soir,
Pleurant, et demandant d'une voix éplorée :
« Oh! n'avez-vous pas vu, dites, un beau berger?
Un berger, jeune et beau comme un oiseau léger,
Si svelte que les doigts croisés d'une fillette
Sans peine enfermeraient sa taille mignonnette ?
A l'écume du lait son visage est pareil;
Le fin duvet qui court, blond sur sa lèvre rose,
C'est l'épi de juillet, ondoyant au soleil;
De l'aile du corbeau qui sur l'arbre se pose,
Ses gentils cheveux noirs ont le reflet soyeux,
Et la mûre des bois est la sœur de ses yeux. »

« Alors, ma Mioritza, prends pitié de sa peine,
Et dis-lui que j'ai pris pour épouse une reine,
Riche comme la terre, en un lointain pays,
Plein de palais, et beau comme le paradis.

Mais, de peur d'ajouter à sa douleur amère,
Garde-toi bien de dire à cette pauvre mère,
Qu'au-dessus de mon front, du zénith constellé,
Au moment de ma noce une étoile a filé,
Et que j'eus, pour témoins, les chênes fatidiques,
Pour autels, les hauts monts, de manteaux blancs couverts,
Pour prêtres, les sapins aux rameaux toujours verts,
Pour orchestre, les vents aux souffles prophétiques,
Les cascades des bois et des milliers d'oiseaux,
Et les yeux du bon Dieu, les astres, pour flambleaux[1]. »

[1]. Malgré de longues recherches, M. B. Alexandri n'a pu découvrir la fin de cette églogue virgilienne.

LE PÊCHEUR DU BOSPHORE

« Si Mahomet, notre divin prophète,
Et favori d'Allah, notre Seigneur,
Daignait pour moi changer en jour de fête,
En premier jour de joie et de bonheur,
Ce jour stupide où je sue et m'embête
A retirer et rejeter sans fin
Dans les flots bleus de ce maudit Bosphore,
Mon beau filet, fait du lin le plus fin
De Scutari, sans avoir pris encore,
— En vérité, cela n'a pas de nom ! —
Après cent coups, le plus petit goujon !

Si Mahomet, dis-je, m'était propice,
Si du destin réparant l'injustice,
Et d'un seul coup terminant mes revers,
Il me faisait prendre le roi des mers !...
Le roi des mers, dont la tête vermeille,

Porte, des eaux la plus grande merveille,
Un gros rubis, souverain talisman,
Tel que n'en a pas même le sultan...

Alors, Allah ! moi, le jouet de l'onde,
Moi, pauvre Ali, qui ne possède au monde
Que ce caïque, éternelle prison,
Où, de désirs consumé, je promène,
Comme la mouette et *les âmes en peine* [1],
Mes tristes jours, de saison en saison,

Alors les vœux et les espoirs sans nombre,
Qui, m'arrachant à la réalité,
Ont tant de fois fait briller dans mon ombre,
Tous les tableaux de la félicité;
Mes rêves même alors, divin Prophète,
Et tout ce qui me passe par la tête,
Quand mon esprit, las de broyer du noir,
Pousse une pointe au-dessus de la lune,
Et dans le bleu s'en va chercher fortune ;
Pour l'obtenir, — ô merveilleux pouvoir ! —
Ali n'aurait qu'à penser et vouloir.

Tapis persans, châles de Cachemire,
Rubis de l'Inde où le soleil se mire,
Coursiers ailés, ces oiseaux des déserts,
Qui, dans leur vol devancent les éclairs;

---

1. Oiseaux du Bosphore, ainsi nommés, si je ne me trompe, à cause de la tristesse de leur cri et de leur vol inquiet.

Turban orné de la superbe aigrette,
Qui resplendit, pareille à la comète ;
Vierges d'Asie aux yeux éblouissants,
Vierges d'Europe aux charmes tout-puissants,
Fleurs de beauté dont le parfum enivre ;
Caïque en bois d'ébène, incrusté d'or,
Et des versets les plus beaux du saint livre,
Caïque tel qu'homme n'en vit encor,
Que de rameurs quinze couples habiles
Feraient voler sur les ondes dociles,
Aussi léger que les plus légers vents,
Et qu'au travers de la plaine liquide,
Dans son essor même le plus rapide
Ne suivrait pas l'aile des *elkovans* :
Pour posséder ces royales merveilles,
Que j'ose à peine entrevoir dans mes vœux,
Et dont le nom fait tinter mes oreilles,
Ali n'aurait qu'à dire : « Je le veux ! »

Eh bien ! Ali, le pêcheur misérable,
Ali de Smyrne, Ali, le pauvre diable,
Du *roi des mers* ayant le talisman,
Ne voudrait pas du trône du sultan ;
Et sa puissance et sa grandeur suprême,
Ses cent palais, ses trésors, son sérail,
Ses sabres d'or et son caïque même,
Le feraient fuir comme un épouvantail.
Il ne voudrait pas même des caresses
De vos bras blancs, houris enchanteresses !

— Du talisman, enfin, maître et seigneur,
Que ferait donc Ali pour son bonheur?

— D'une faveur si rare et si parfaite,
Ali d'abord rendrait grâce au Prophète,
Vers l'Orient pieusement tourné,
Et dans la poudre humblement prosterné.

Puis de son cœur qu'un chagrin invincible,
Un an passé, consume nuit et jour,
Ali ferait un filet invisible,
Filet divin, tout parfumé d'amour;
Puis il viendrait, Topal, cœur insensible
A sa douleur, à son long désespoir,
Lorsque la nuit jette son voile noir,
Dans ta maison, de grilles si bien close,
Sur les coussins où sa beauté repose,
Te dérober ta *Biulbiuli*,
Ton doux bulbul[1], *ta fille* qu'il adore,
Et dont la voix, si tendre et si sonore,
Toutes les nuits l'attire à Kandilli.

1. Rossignol.

LE RÊVE

La lune pâle, au haut du ciel,
S'avançait d'un pas solennel,
    Comme un navire.
Les autres flambeaux de la nuit,
Voguaient, sinistres et sans bruit,
    Dans leur empire.

J'étais monté sur un coursier,
A l'œil de flamme, au pied d'acier,
    Oiseau sans ailes,
Qui s'en allait rasant le sol,
Et pouvait dépasser au vol
    Les hirondelles.

Devant nous, sans fin s'étendait
Une plaine où l'on n'entendait
    Pas une haleine.

Sans pousser un hennissement,
Mon coursier volait écumant,
　　Dans cette plaine.

Plus rapides que le condor,
Nous aurions pu suivre l'essor
　　De la Comète ;
Mais voilà que dans son élan,
Mon cheval, digne d'un sultan,
　　Soudain s'arrête.

Tout près de nous, dans un jardin,
Tel que jamais, depuis l'Éden,
　　N'en fut au monde,
Trois ombres, groupe radieux,
Trois vierges, trois filles des cieux,
　　Dansaient la ronde.

L'une d'elles dit : « Viens à moi !
Et je te ferai d'un grand roi
　　La douce vie.
A-toi sans peine et sans efforts,
Tous les honneurs, tous les trésors
　　Que l'homme envie ! »

« Cavalier, qui cours comme un fou,
Et, qui t'en vas, sans savoir où,
　　Dit la seconde,

Viens à moi ! Je ceindrai ton front,
De couronnes qui dureront
    Plus que le monde. »

« Viens, dit la troisième, en ton cœur
Je ferai de l'amour vainqueur
    Naître la flamme,
Et, dans les délices du ciel,
Tu sentiras, vrai dieu mortel,
    Nager ton âme. »

Ravi d'un langage si doux,
Je courais à ce rendez-vous
    Plein de mystère,
Lorsque le groupe rayonnant,
A reculons, s'enfuit, volant
    A ras de terre.

Des beaux fantômes j'entendais
Les voix mélodieuses, mais
    Plus j'allais vite,
Plus ils allaient me devançant,
Et me paraissaient en dansant,
    Hâter leur fuite.

Cependant enfin j'atteignis
Celui-là qui m'avait promis
    Trésors sans nombre,

J'ouvrais les bras pour le saisir,
Quand je le vis s'évanouir
    En flamme sombre.

A l'instant même m'approchant,
Je découvris en me penchant,
    Un peu de sable,
Qui follement tourbillonnait,
Et que ce mouvement rendait
    Insaisissable.

En me levant, triste et confus,
Non loin, devant moi, j'aperçus
    La deuxième ombre.
J'accourus ; j'allais la saisir,
Quand je la vis s'évanouir
    En flamme sombre.

A l'instant même m'approchant,
Je découvris en me penchant
    Un peu de cendre ;
Mais un vent qui souffla soudain
La dispersa, comme ma main
    Allait la prendre.

En me levant, triste et confus,
Dans la plaine au loin j'aperçus
    La troisième ombre.

J'accourus, j'allais la saisir,
Quand je la vis s'évanouir
   En flamme sombre.

A l'instant même m'approchant,
Je découvris en me penchant,
   Un peu de fange.....
Mais alors m'étant éveillé,
Je me disais, émerveillé :
   « Quel rêve étrange ! »

Et j'en cherchais en vain le sens,
Quand le sommeil sur tous mes sens
   Reprit l'empire ;
Et je revis la lune au ciel,
S'avançant d'un pas solennel,
   Comme un navire.

Et puis la plaine, mer sans bord,
Qu'on eût pu croire de la Mort
   La sultanie :
Tant, dans ce désert ignoré,
Rien n'offrait à l'œil effaré
   Signe de vie.

Cependant, du sol, trois *Kourgans*[1]
Surmontés d'énormes turbans,

---

[1] *Tumulus gigantesque.*

Se soulevèrent,
Et sur ce fond d'immensité,
Comme au fond de l'éternité,
Se découpèrent.

Tel, aux bords qu'arrose le Nil,
Se découpe le vieux profil
Des Pyramides.
Toujours monté sur mon *Graour*,
Au cou de cygne, fait au tour,
Aux pieds rapides;

Je lui dis, à voix basse : « Allons ! »
Et fier, il franchit en trois bonds
La plaine nue.
Les kourgans étaient trois tombeaux,
Qui s'élevaient, sombres et hauts
Comme la nue.

En lettres rouges, sur leurs flancs
Se détachaient, étincelants
Dans les ténèbres,
Ces trois grands mots que, tour à tour
Je lus : « Fortune, Gloire, Amour ! »
Ces monts funèbres,

Des trois fantômes merveilleux
Étaient les tombeaux orgueilleux,
Demeure altière

Qui devait des affronts du temps
Préserver leurs noms éclatants
    Et leur poussière.

Tout-à-coup, du fond des déserts
Comme un tourbillon, dans les airs
    S'avance et gronde
Une trombe, dont la fureur
Sur son axe fait de terreur
    Craquer le monde.

Elle fond, roi des ouragans,
Comme un *smêou*, sur les kourgans;
    Et de leur masse,
L'instant d'après, les yeux en vain
Sur le sol plat comme la main,
    Cherchent la trace.

Et des quatre points à la fois
Alors une puissante voix
    Se fit entendre,
Qui dit : « Fortune, Gloire, Amour !
Vanités et hochets d'un jour !
    Tout n'est que cendre ! »

Je sentais frissonner sous moi
Mon cheval, et passer l'effroi
    Devant ma face.

Ma chevelure se dressait,
Et je ne sais quoi m'oppressait
    D'un poids de glace.

Je m'éveillai... j'ouvris les yeux...
O spectacle délicieux !
    Clarté chérie !
Dans mes rideaux, pourpre et vermeil,
Déjà se jouait le soleil
    De ma patrie.

PENSÉES ET PROVERBES

Les Roumains disent de l'ingrat,
Serpent que nourrit tout climat,
Un mot profond, qui vaut à lui seul un gros livre,
Et que tu feras bien, lecteur, de retenir :
« Tu ne l'as pas laissé mourir ;
Il ne te laissera pas vivre. »

*
* *

Les bavards, à l'humanité,
Font faire école sur école.
La pire calamité,
C'est l'abus de la parole.

*
* *

Entre les pauvres de ce monde,
— Dieu sait si le nombre en est grand ? —
La misère la plus profonde
Est celle de l'ignorant.

Sans se lasser, tant bien que mal,
Depuis qu'Ève mangea la pomme,
La nature fait l'animal,
Mais l'éducation fait l'homme.

*
* *

Autant le bien est lent à se produire,
Autant le mal est prompt à le détruire.

*
* *

De ses dix doigts quiconque œuvre fera,
Jamais sa main au riche ne tendra.

*
* *

Quand la tête ne guide pas,
Les jambes ne font que faux pas.

*
* *

Tant que la nuit de l'ignorance
Sur l'humanité pèsera,
Iniquité, nulle puissance
Sur la tienne ne prévaudra.

*
* *

La vie est une école où l'on va tous les jours.
Tant qu'il vit, l'homme apprend toujours.

La science, tendant sans cesse à la lumière,
Enfonce, jour à jour, son invincible coin
Dans les flancs ténébreux de l'épaisse matière,
    Et renversant toute barrière,
S'en va criant toujours : « Plus loin ! plus loin ! plus loin ! »

*
* *

Si les hommes savaient se partager le monde,
Du trop plein des cités peupler les champs déserts,
Et ne pas d'un seul coin faire leur univers ;
Tous auraient large place en la machine ronde,
Et large part aux fruits que la terre féconde
Sait produire au-delà comme en deçà des mers.

A CONSTANTINOPLE

Certe, il est magique
Le spectacle unique
Qu'offre ta beauté,
Lorsque, du Bosphore,
Par un jour d'été,
Aux feux de l'aurore,
Aux teintes du soir,
Reine de théâtre,
Comme Cléopâtre,
A l'œil idolâtre,
Tu te laisses voir!

Mais, ô ville, veuve
De tant de Césars,
Vieille ville neuve
Que guignent les Tzars!
Après t'avoir vue
Chez toi, toute nue,

Et senti mon cœur
Se lever d'horreur,
A tout coin de rue !
Ville de hasard,
Sans plan et sans art,
Aux mille mosquées
De plâtre masquées ;
Fille du Chaos.
Sous ta peau fardée,
Toute lézardée
Montrant tes vieux os !

Babel incongrue
Aux flancs ravinés,
Sous les Turcs accrue
Comme une verrue
Au bout d'un beau nez !
Caverne de vices,
Marais d'immondices.
Grilles et treillis,
Taudis et fouillis,
Bouges, réceptacles,
Affreux habitacles,
Où tient ses sabbats
Et prend ses ébats
La Cour des Miracles !

Scène des Exploits
Des filous matois ;

Vaste champ d'asile
Où, du monde entier
S'en vient à la file
Comme à son quartier,
De toute industrie
La chevalerie ;
Où les chiens galeux
Comme un camp de gueux,
En phalanges drues,
Trônant dans les rues,
Montrent aux passants
Les crocs menaçants
De leurs dents aiguës,
Et dans les mollets
Les plus grassouillets,
Maintes fois, sans gêne,
D'un bifsteck anglais
Se taillent l'aubaine !

Où, tous les matins,
Dans leurs sanhédrins,
Trente diplomates,
Modernes pilates,
Se lavent les mains
Des crimes sans nombre,
Que, craignant l'éclat,
Pour raison d'État,
Ils laissent dans l'ombre !

Où des Grecs Scapins
La fourbe suprême
Joue et confond même
Les grands mandarins,
Les plus vieux rabbins
Et les plus malins
De la vieille astuce
Turque, anglaise et russe !

Où des *Yéserdgis* [1]
L'engeance effrontée,
— Cette fois rougis,
Rougis, éhontée ! —
Tient à *Top-Hané* [2]
Son trafic obscène,
Son trafic damné
De chair vierge humaine ;
Sans qu'un noble cri,
— Lâcheté profonde ! —
Ait jamais flétri
Ce commerce immonde !

Ville de pachas.
Pareils aux poussahs,
Aux vastes pieds plats,
Si gros et si gras,

---

[1]. Marchands d'esclaves.
[2]. La Porte du Canon.

Que leur panse ronde
Figure vraiment,
Merveilleusement,
La boule du Monde,
Et dont, en dépit
De leur impuissance,
La concupiscence
Et l'argent maudit
Mettent sous les grilles,
A leur puberté,
Les plus belles filles
De la chrétienté!

Fanar homicide
Où le juif fétide
Agile courtier,
Rôde, l'œil avide
Propre à tout métier,
Prompt à la besogne,
Et, dans son réduit,
Accroupi, la nuit,
Sans peur ni vergogne,
Lave, perce, rogne,
Vrai fils de Judas,
Doublons et ducats !

Antre de défroques,
De hideuses loques,
Et de pendeloques;

Immense bazar
Où l'agiotage
Règne sans partage,
Et, joyeux César
De l'escamotage,
Grugeant fol et sage,
Ivre de pillage,
Du soir au matin,
Fait noce et festin !...

Si la Destinée,
Une seule année,
Me faisait sultan
Ayant pour aigrette
Comme un fils d'Othman,
A mon vert turban
Splendide comète,
Ce serait, ma foi,
Bientôt fait de toi.
Car ma main hardie,
Sans bruit, ni décret,
Inaugurerait
Mon autocratie,
Par un coup d'État
Et surtout d'éclat,
Dont la fantaisie
Emerveillerait
Et stupéfierait
L'Europe et l'Asie.

Or ce coup si beau,
Sans être nouveau,
Ce serait, ô Ville,
Entre toutes vile !
De livrer au feu,
Comme un mauvais lieu,
Toutes tes baraques
Et tous tes cloaques,
Et tes faux chalets,
Cages à poulets ;
Et sur les ruines
De tes sept collines,
De te rebâtir,
Non plus fille immonde,
Folle vagabonde,
Tendant du plaisir
La coupe à la ronde,
Mais belle, à ravir
Sultan et vizir,
Derviche et fakir,
Belle sans seconde,
Et, de par le lot,
Dont Dieu fit ta dot,
Sultane de l'onde
Et reine du monde.

Août 1861.

NE DÉSESPÉREZ PAS

Pour grand que soit le mal, ne désespérez pas.
L'espérance est au cœur ce que l'arme est au bras ;
  Le désespoir, c'est la faiblesse.
Ne désespérez pas. Le ciel a ses secrets,
Et nul de nous ne doit provoquer les arrêts
  De sa justice vengeresse.

Des fonds les plus impurs de la corruption,
On a vu maintes fois plus d'une nation,
  Prise d'un remords magnanime,
Se lever à l'appel de quelque noble voix,
Et de la liberté, de l'honneur et des lois
  Se faire l'esclave sublime.

Ne désespérez pas. Les astres radieux
En roulant dans l'éther sur leurs divins essieux,

Se couvrent de taches funèbres.
Dieu seul ne peut faillir. Chaque peuple a sa nuit ;
Tout voyageur, avant de voir l'aube qui luit,
Traverse l'horreur des ténèbres.

Ne désespérez pas. Ce peuple penche au mal.
C'est flagrant ; et peut-être en lui du sens moral
La lumière s'est obscurcie.
Mais qui sait si le ciel, toujours lent à punir,
Pour le régénérer, dans un court avenir
Ne lui garde pas un messie.

Peut-être ce messie est-il déjà venu,
Peut-être parmi nous grandit-il inconnu,
Méditant quelque auguste exemple ;
Peut-être en nos cités erre-t-il voyageur,
Peut-être a-t-il déjà saisi le fouet vengeur,
Pour chasser les vendeurs du Temple !

Ne désespérez pas. Lorsque sur la vertu
Le dernier des Romains, du courage abattu
Lança le navrant anathème,
Sauf le droit de mourir, il ne lui restait rien,
Et vaincu sans espoir, la mort du stoïcien
Fut pour lui l'asile suprême.

Quand vous aurez en vain, comme Brutus, lutté
Pour la vertu, les mœurs, les lois, la liberté,
      Aimée avec idolâtrie,
Voyant vos vœux trahis, et trahis vos efforts,
Alors, comme Brutus, mais seulement alors,
      Désespérez de la patrie.

LES SAUTERELLES

Il a franchi les monts, les plaines, les déserts,
Le tourbillon volant, dont les stridentes ailes,
D'un cliquetis aigu font retentir les airs!
Malheur à toi, Roumain ! Voilà les sauterelles.

Les voilà, les voilà qui viennent!... Un bon vent
Pousse vers tes vallons ce vieux fléau d'Asie ;
Comme un vaste linceul, leur nuage vivant,
Voile de ton soleil la splendeur obscurcie.

De l'Oural au Carpathe, en son lugubre essor,
Le nuage s'allonge et s'étend dans l'espace ;
    Une heure, un jour, il passe, il passe,
    Il passera demain encor !

Sinistres précurseurs de ces grandes armées
A dévaster ton sol, un siècle accoutumées,
    Les innombrables légions,
Sur tes champs, ô Roumain, s'abattent affamées,
    Par milliards de millions !
      Contre cet ennemi funeste,
      Plus redoutable que la peste,
      Plus que le Tatare cruel,
      Rien ne sert, armes ni courage !
      Tout est vain, désespoir et rage !
      Rien ne secourt, terre ni ciel !

      Sous la mâchoire qui l'attaque,
Comme sous le cheval et la dent du Cosaque,
    Déjà ton maïs ploie et craque !
Le pain de tes enfants, le fruit de tes travaux,
Ton maïs, ton espoir, ta richesse, ta joie,
Tes blés, tes prés, tes champs, tes jardins, tes côteaux,
Du fléau dévorant, hélas ! tout est la proie !
Le troupeau monstrueux, à ces larges repas
Où se repaît sa faim, toujours inassouvie,
A pris en quelques jours un ventre à faire envie
Aux pachas d'Erzéroum, de Brousse, ou de Damas.
    Et le voilà, qui, reluisant de graisse,
Immense, se prélasse et digère au soleil,
Comme une horde noire, au visage vermeil,
De moines, saintement voués à la paresse,
Qui font leur khef, plongés dans un demi-sommeil.

Cependant toi, Roumain, contemplant ta ruine,
Tu penches, le cœur gros, ton front sur ta poitrine,
Et les pleurs, malgré toi, ruissellent de tes yeux.

Que veux-tu ? C'est la loi du sort ! A tes aïeux
Autrefois l'enseigna le poète de Rome [1]
L'un produit ici-bas pour que l'autre consomme.
L'abeille fait son miel pour le plaisir d'autrui,
Le bœuf porte le joug pour les besoins de l'homme,
Et le semeur du champ ne sème pas pour lui.
Ainsi c'était alors, ainsi longtemps encore
Cela sera, Roumain ! L'insecte qui dévore
Tes champs et tes moissons, cet insecte fatal,
Plus redouté de toi, même que le *Mouskal* [2],
La sauterelle n'est qu'une des mille formes
Sous lesquelles le Mal, de ses forces énormes
Nous opprime, et se fait, dans sa brutalité,
Un jouet éternel de notre liberté.

Sois fort Roumain, sois fort ! Que le Ciel qui t'éprouve,
  Sous ses coups redoublés te trouve
  Comme les enfants de la Louve,
  Indomptable dans la douleur,
  Et toujours ceint de la cuirasse
Qui, de tout et de tous fit triompher ta race :
  La Constance dans le malheur.

1. Virgile.
2. Le Russe.

A M. J. N. L. DÉPUTÉ

Cher admirateur d'Homère et de Virgile,

Vous qui, voué aux luttes du barreau et de la politique, conservez néanmoins le culte le plus fervent, pour les deux grands inspirés de l'antiquité classique; permettez-moi de vous dédier ce poème éclos, en juillet dernier, de mes souvenirs homériques et virgiliens, sous les délicieux ombrages de Vichy, entre un demi-verre de l'*Hôpital* et un demi-verre de la *Grande Grille*.

Amant alterna Camenæ.

Il va sans dire que mes alexandrins n'ont point la prétention — Dieu les en préserve! — de faire concurrence aux poètes, anciens ou modernes, emparadisés dans votre merveilleuse mémoire. Mon ambition se borne à souhaiter que vous les lisiez, à vos moments perdus, par amitié pour celui dans les affections duquel vous aurez toujours une place d'honneur.

Antonin Roques.

Bucarest, 20 octobre 1878.

UN CAPRICE DE VÉNUS,

POÈME ANTIQUE.

CHANT PREMIER.

Filles de Jupiter, Muses, chantez la blonde
Vénus, reine du ciel, de la terre et de l'onde,
Vénus, qui, par l'attrait, le charme et la beauté,
Dans l'Univers entier étend sa royauté,
Et dont tout ce qui vit, se meut, sent et respire,
— Dieux au haut de l'Olympe, insectes dans les airs,
Monstres au fond des eaux, lions dans les déserts,
Hommes, plantes, oiseaux, reconnaissent l'empire. —
Qu'elle sorte de l'onde, ou descende des cieux,
Tout en elle ravit la pensée et les yeux.
De sa tête, qu'entoure un nimbe diaphane,
De toute sa personne incessamment émane,

En rayon invisible, en fluide de feu,
L'invincible Désir qui fait de l'homme un dieu,
Plus doux que les parfums de la fleur matinale,
Un céleste parfum, une haleine idéale
S'épand d'elle, et pénètre, et de félicité
Fait vibrer et frémir, comme la volupté.
Tout en elle est divin ! Ainsi que de l'aurore,
Quand elle reparaît à l'Orient vermeil,
Une création nouvelle semble éclore
De l'éclat de ses yeux plus beaux que le soleil.
Qui pourrait résister, Déesse ! à ta puissance,
Et ne pas à genoux tomber en ta présence ?
Qui, pour juge choisi, tenant la pomme d'or,
A tes pieds immortels ne la mettrait encor ?
De charmer Jupiter, lorsqu'elle n'est pas sûre,
Junon même, Junon t'emprunte ta ceinture.

Seule parmi les dieux, de l'Olympe habitants,
Amante de la gloire et des arts éclatants,
La savante Minerve au dédaigneux sourire,
A pu se dérober au joug de ton empire.
Mais faut-il s'étonner qu'elle ignore l'amour ?
A Jupiter lui seul Minerve doit le jour.
La sœur du beau Phébus, la fière Chasseresse,
De ton culte ignorant la douceur charmeresse,
Diane aussi voulut échapper à tes lois ;
Mais les bois et les monts, et l'arc et le carquois,
Contre l'arc de ton fils sont de faibles armures,
Et ne préservent pas de ses flèches trop sûres.

A force de poursuivre et les cerfs et les faons,
Avec sa grande meute aux abois triomphants,
Diane même enfin rencontra sa défaite
Au fond de la forêt, qu'elle croyait discrète;
Mais les nymphes des bois, jalouses dans leur cœur,
Du bel Endymion n'ont point tû le bonheur,
Ni les grottes, témoins de divines caresses,
De Diane pour lui dérobé les tendresses.

Mais pourquoi les blâmer, ces faiblesses d'amour,
Qui, jadis, à la terre apportaient tant de joie?...
O Vénus, laisse-moi raconter à mon tour,
Ton aventure avec l'heureux berger de Troie,
Anchise, jeune alors, que, des divins palais,
Tu remarquas, un jour, où seule tu rêvais,
Tandis que lui dormait, à l'ombre, sur la mousse
De l'Ida phrygien, où le dictame pousse.
Pourquoi ton doux regard sur lui se fixa-t-il,
Admirant, tour à tour, sa face et son profil?
C'est qu'il était si beau, le dormeur solitaire,
Qu'on eût dit Ganymède enlevé par ton père,
Et qu'à le voir ainsi plongé dans le sommeil,
Tu crus voir Adonis, aux dieux mêmes pareil.
C'est qu'un soudain caprice alluma, dans ton âme,
Ce feu mystérieux, cette subtile flamme,
Qui nous fait, à la fois, et brûler et transir,
Et dont, hommes et dieux, se plaisent à souffrir.

L'Olympe était désert. En proie à l'humeur noire,
Junon boudait, superbe, en son grand lit d'ivoire;

Le seigneur Jupiter, son infidèle époux,
Comme un simple mortel courait le guilledoux,
Chez les Laconiens, peuples de bonnes âmes,
Où les maris font part volontiers de leurs femmes
A l'hôte jeune et beau, galant et bien tourné,
Pour avoir des garçons *ejusdem farinæ*.
Minerve s'exerçait à jouer de la flûte,
Vulcain, à tout hasard, forgeait un parachute,
Arès, chez les humains, pour les sanglants combats,
De l'Olympe oubliait les amoureux ébats.
Toi, Cypris, tu songeais, l'œil perdu dans le vide,
Et l'Ennui, sur ton front, essayait une ride ;
Mais du royal berger la vue et la beauté
Te rendirent soudain cette sérénité
Où, parmi les attraits et les grâces modestes,
Resplendit tout l'éclat de tes charmes célestes.
Quelle pensée avait dans ton esprit surgi,
Que ton front en avait subitement rougi ;
Mais de cette rougeur où l'on dirait que l'âme
Éclot parmi les lis en merveilleuse flamme ?
Nul ne sait, hors Phébus, qui te vit t'élancer
De ton trône d'azur sur un char de nuage,
Et d'un rapide essor vers la terre glisser,
Comme un oiseau plongeur au radieux plumage.

Un songe cependant au visage vermeil,
Le plus délicieux et le plus beau que puisse
De Morphée envoyer l'influence propice,
Venait du bel Anchise enchanter le sommeil :

Tenant un arc armé d'une flèche acérée,
Le carquois à l'épaule et la main assurée,
De clairière en clairière, au travers d'un grand bois,
Il lui semblait poursuivre une biche aux abois,
Une biche superbe et blanche comme un cygne,
Qui d'une étoile au front portait le noble signe.
Mais, ô prodige ! en vain l'intrépide chasseur
Avait déjà lancé deux flèches en plein cœur,
A l'agile animal ; la pointe frémissante
Était, en l'atteignant, retombée, impuissante.
Enflammé de dépit, le chasseur ajustait
Sur l'arc retentissant un troisième trait,
Dont il croyait l'atteinte infaillible et mortelle,
Quand d'une jeune vierge, ou bien d'une immortelle
La biche prit la forme, et d'un pas triomphant
Se remit à courir, plus légère qu'un faon.
Ses pieds, sans la courber, franchissait l'herbe drue,
Et du chasseur trompait l'espérance et la vue.
La fuite et la poursuite ainsi se prolongeant,
Enfin, n'en pouvant plus, éperdu, frémissant,
L'ardent chasseur tombait, vers le soir, hors d'haleine,
Et s'endormait au bruit d'une claire fontaine.

Mais des songes amis la troupe au vol léger,
Venait autour de lui bruire et voltiger ;
Et derrière eux, semblable aux plus grandes déesses,
Ainsi qu'un manteau d'or laissant ses longues tresses,
De sa tête à ses pieds, flotter sur sa beauté,

La belle fugitive, en vain tant poursuivie,
Se penchait, et semblait d'une nouvelle vie,
Sous son souffle, animer le rêveur enchanté.
Son sourire, son front, sa paupière baissée,
Révélaient le bonheur qui charmait sa pensée.
La douce vision qui lui parlait tout bas,
L'enivrait... Il voulut la serrer dans ses bras ;
Mais ses bras étendus à vide se fermèrent,
Et songes et sommeil à l'envi s'envolèrent.
Anchise en vain cherchait, d'un regard effaré,
Le fantôme charmant de son rêve doré.

Cependant tout dormait : la nuit était sereine,
La lune, du ciel bleu paisible souveraine,
Après elle traînant son cortége étoilé,
Resplendissait du haut de son char constellé.
Aux souffles, aux parfums, aux baumes de l'Asie,
Se mêlait dans l'air tiède une odeur d'ambroisie ;
A travers cette nuit plus belle que le jour,
De longs soupirs tombaient des pendantes ramées,
Les zéphirs odorants, les brises embaumées
Susurraient dans les fleurs languissantes d'amour,
De leurs baisers sans fin les caresses aimées.

Anchise, émerveillé, des profondeurs des bois
Tout à coup entendit s'élever une voix,
Une voix qui vibrait, à nulle autre pareille,
Si douce qu'elle allait au cœur comme à l'oreille,

Et qui disait : « Salut, jeune royal berger !
Au culte de Vénus es-tu donc étranger,
Que tu dors dans les bois, solitaire et farouche,
Comme un vieillard glacé sur sa stérile couche ?
Nulle beauté n'a donc encor su te charmer ?
Tu ne sais pas encor que vivre c'est aimer ?
Que l'on n'a point vécu, tant que de cette flamme
La magique splendeur n'a point lui dans notre âme,
Et que l'homme devient égal aux dieux, le jour
Où sur un autre cœur son cœur s'ouvre à l'amour.
Aimer ! voilà le mot qu'à toute créature,
Dans sa langue divine enseigne la Nature ;
Le mot qu'entend, la nuit, la vierge en son sommeil,
Et que l'écho lui vient chuchoter au réveil ;
Le mot mystérieux que, là-haut, dans l'espace,
A l'astre qui la fuit, dit l'étoile qui passe,
Le mot qui fait, le soir, tressaillir le roseau,
Que murmure la fleur, et que chante l'oiseau.

Avoir vingt ans ! avoir tous les dons en partage,
La grâce, la beauté, la force, le courage,
Et de ces dons divins enfouir le trésor,
C'est parmi les humains égaler en démence
L'avare qui, la nuit, ainsi qu'une semence
Autour de sa maison enfouit des sacs d'or.
La jeunesse est un fruit, d'une saveur plus douce,
Que le sommeil, l'été, deux à deux, sur la mousse,
Quand l'ardeur du soleil accable, et que l'amour
Préfère le bocage au céleste séjour.

Mais si l'on ne le cueille à son heure sacrée,
Le fruit perd sa saveur, bientôt évaporée.
Cueille donc ta jeunesse, ô chasseur ! et Cypris
Te rendra, dès ce jour, plus heureux qu'Adonis. »

Ainsi, parlait la voix, dans l'ombre et le mystère;
Et le royal berger se soulevant de terre,
Écoutait dans l'extase et le ravissement,
Où les accents aimés plongent un jeune amant.
Et quand la voix se tait, incomparable lyre,
Un attrait invincible au fond du bois l'attire.
Il brûle de savoir, de quelle bouche d'or
Sont partis ces accents, pleins de charme et de flamme,
Qui résonnent toujours dans son cœur et son âme.
Il avance, il recule, et puis avance encor,
L'œil flamboyant, l'oreille au guet, le pied timide.
Tout à coup s'allumant comme un éclair rapide,
Au travers des rameaux, à quelques pas de lui,
Un faisceau lumineux dans la forêt a lui.

Cette flamme éclairait une large ouverture,
Au bas d'un roc à pic, tout couvert de verdure,
De rosiers, de jasmins, de grenadiers fleuris,
De myrtes odorants, consacrés à Cypris,
D'orangers fléchissant sous leurs pommes dorées
Et d'œillets orgueilleux de leurs têtes pourprées.
Jusqu'au pied du rocher s'avançant lentement,
Anchise y demeura cloué d'étonnement.

Devant lui s'étendait une grotte-merveille,
Telle, qu'en fournissant, sur son char enflammé,
Dans l'océan d'azur, son cours accoutumé,
Phébus même jamais n'en a vu de pareille.

Un grand portail, en arc monumental dressé,
De la base au sommet, mollement enlacé
De guirlandes de lierre et de vigne rampante,
Faisait à cette grotte une entrée éclatante.
L'intérieur était un prodige inouï,
Dont l'esprit, comme l'œil, demeurait ébloui ;
C'était une coupole à voûte radieuse,
Que formait une pierre immense précieuse :
Des lampes qui semblaient faites d'un diamant,
De contour en contour, dans les profondeurs sombres,
D'une lumière étrange éclairait vaguement
La salle gigantesque aux flamboyantes ombres.
Mille arbrisseaux chargés, ou de fruits ou de fleurs,
Recouvraient les parois de tapis pittoresques ;
Des milliers d'oiseaux aux plus riches couleurs,
Voltigeaient à travers ces naturelles fresques.
Des filets d'eau, cachés parmi les festons verts,
Mêlaient leur frais murmure aux suaves concerts
Des musiciens ailés qui, dans leurs ritournelles,
Chantaient de leurs amours les douceurs éternelles.

Anchise avait à peine, avançant, interdit,
Franchi le vaste seuil de la grotte-prodige,
Qu'un prodige plus grand, une femme... que dis-je ?
Une jeune déesse à ses regards s'offrit.

Depuis que l'être humain vit cette vie amère,
Que lui fait du destin l'aveugle volonté,
Pensant, souffrant, rêvant ; de chimère en chimère,
Courant, dans la nuit sombre, après la vérité ;
Depuis que s'élevant aux sphères infinies,
Du beau l'âme demande une incarnation
A tous les dieux, aux bons comme aux mauvais génies,
Jamais œil n'entrevit semblable vision.

Ses cheveux rejetés, avec grâce, en arrière,
Et qu'on eût crus trempés au foyer du soleil,
Sur son cou s'épandaient comme un ruisseau vermeil,
Dégageant des rayons d'électrique lumière.
Un tout harmonieux composait sa beauté,
Son attitude était la suavité même,
Elle avait la douceur avec la majesté,
Le cœur, à son aspect, disait tout bas : « Je l'aime ! »
On eût dit, à la voir, ou Pandore, ou Psyché ;
Tant l'artiste divin à son œuvre attaché,
De tout point l'avait faite irréprochable et belle,
N'ayant absolument rien oublié pour elle.
Son front pur était ceint d'un nimbe de pudeur,
De son aspect la vue était comme éblouie ;
Son sourire, c'était son âme épanouie,
Ses yeux bleus, de la mer avaient la profondeur,
Et pourtant son regard était plein de candeur.

Du sol, tout de saphirs, effleurant la surface,
Elle fit en avant quelques pas pleins de grâce,

Et d'une voix, dont rien n'égale la douceur :
« Chasseur, dit-elle, car vous êtes un chasseur :
Ces flèches, ce carquois, cet arc, tout le révèle ;
J'ignore quel motif vous amène en ce lieu,
Mais que ce soit hasard, ou que ce soit un dieu,
Ou bien qu'en ses rigueurs la fortune cruelle
Vous ait réduit à fuir devant vos ennemis ;
Au nom de Jupiter, au nom des dieux amis,
Soyez le bien-venu. »

     — Fille d'une déesse,
— Car jamais on ne vit ni fille de princesse,
Ni fille de héros, réunir les beautés,
Qui ravissent en vous mes regards enchantés ;—
Ne vous offensez point de l'audace indiscrète,
Qui me fait violer ainsi votre retraite.
J'ai nom Anchise, et suis un berger des hauts lieux ;
Du côté d'Ilion, sur les pentes fleuries
Et le dernier versant de l'Ida, cher aux dieux.
Mon troupeau croît, errant dans de riches prairies.
En chassant, aujourd'hui, dans nos vastes forêts,
Une biche au poil blanc s'est offerte à mes traits ;
Deux fois j'ai cru l'avoir mortellement frappée,
Et deux fois, je l'ai vue, à mes coups échappée,
Tout en fuyant, tourner la tête sans effroi,
Comme pour se railler de mes traits et de moi.
Cet air de me braver, irritant mon courage,
Je l'ai, jusqu'à la nuit, poursuivie avec rage.

De fatigue et de soif n'en pouvant plus enfin,
Mes yeux errant, sans voir, dans cette solitude,
Non loin de votre grotte, au pied d'un vieux sapin,
Je me suis affaissé, mourant de lassitude.
Comme un ami sauveur le sommeil est venu :
A mon réveil, la nuit, dans ce bois inconnu,
Où m'avaient entraîné les ardeurs de la chasse,
Affamé, maudissant ma téméraire audace,
J'allais, sans savoir où, brisé, par-ci, par-là,
Un dieu propice m'a conduit... et me voilà...
Bénissant le destin de ma mésaventure,
Puisque, au fond de ce bois, de l'hospitalité
Elle me fait trouver l'image la plus pure,
Dans la main que me tend une divinité. »

« Jeune Anchise, je suis d'une noble origine,
Mais je n'appartiens pas à la race divine.
Mes parents étaient bien mortels, puisqu'ils sont morts.
Je vous raconterai mon histoire étonnante ;
Mais tout d'abord qu'un bain délasse votre corps,
Ensuite que les dons de Cérès Bienfaisante
Et les dons de Bacchus apaisent votre faim.
Un esclave aussitôt conduit Anchise au bain,
Le lave, le parfume avec soin, et le pare
D'une tunique neuve et d'une beauté rare,
Puis d'un riche manteau, couleur d'or et de feu.
Anchise reparaît bientôt beau comme un dieu.

Son hôtesse le fait asseoir, vis-à-vis d'elle,
Au champêtre repas qu'a fait servir son zèle :

Tous les mets sont exquis, les vins délicieux.
Quand de la pâle faim les cris impérieux
Sont apaisés, la belle et magnanime hôtesse
Prend la parole et dit de sa voix charmeresse :
« Anchise, je l'ai dit : j'eus de nobles aïeux,
Mais je n'appartiens point à la race des dieux.
Or, quant à moi, voici ma véridique histoire.
Seize ans déjà passés, au bord de l'Hellespont,
Dans une des cités qui regardent ce mont,
Je naquis de parents riches, dont les domaines
Sans borne s'étendaient en magnifiques plaines,
Où sans nombre paissaient de superbes troupeaux
De génisses, de bœufs, de brebis, de chevaux ;
Où les fruits savoureux et la vigne divine
Croissaient et mûrissaient, de colline en colline ;
Où les blés dans les champs et les fleurs dans les prés
Ondoyaient au soleil comme des flots dorés.
D'un des noms de Vénus, la propice déesse,
Qui de ma mère avait protégé la grossesse,
Et des beaux cheveux blonds qu'on me vit en naissant,
On m'appela Cypris. J'étais l'unique enfant
Des auteurs de mes jours. Avec idolâtrie,
Ils m'aimaient l'un et l'autre ; et ma mère chérie
Ne me quittait jamais ; et mon père pieux
Offrait, tous les six mois, une hécatombe aux dieux,
A Junon, à Vénus, aux trois Grâces modestes,
Pour m'attirer les dons et les faveurs célestes.
Ainsi je grandissais sous la plus douce loi,
Objet de plus d'amour que la fille d'un roi.
Cependant les saisons aux saisons succédèrent,

Et les Heures, un jour, mes quinze ans me sonnèrent.
Ce fut un jour de fête où mon père étala
Sa richesse, et de dons merveilleux me combla.
Un splendide festin, sous une tente immense,
Fut servi ; l'abondance et la magnificence,
Et vases incrustés de rubis, un trésor !
Et plats d'argent massif, et grandes coupes d'or,
Y brillèrent. Les vins exquis, les plus suaves,
Y coulèrent, versés par de nombreux esclaves,
Et bus, en mon honneur, à la prospérité
De mes nobles parents, à ma félicité.
Les convives repus cessaient déjà de boire.
Alors, entrant, armé d'une lyre d'ivoire,
Un chantre aimé des dieux, un poète sacré,
Vieillard à barbe blanche et de tous vénéré,
Sur un mode nouveau chanta l'antique histoire
De la création, de la Fatalité,
Les Titans monstrueux et leur perversité ;
Les mystères du ciel, dérobés aux profanes,
Et les sanglants combats des géants centimanes.

Dans un silence ému, profond, religieux,
Nos hôtes écoutaient les chants harmonieux,
Et le divin aède, en proie au saint délire,
Les tenait suspendus aux accords de sa lyre ;
Quand, tout à coup, des cris d'épouvante et d'horreur,
Poussés par mille voix qu'affolait la terreur,
Retentirent. Engeance abominable et vile,
Des pirates venaient de surprendre la ville ;

Ils s'étaient emparés du port, et s'élançant,
Ils couraient, altérés de pillage et de sang,
De maison en maison, répandant le carnage,
Furieux, n'épargnant ni le sexe ni l'âge.
A leur farouche aspect, sans armes, confondus,
Les habitants fuyaient, pêle-mêle, éperdus.
Averti du malheur, mon père, aux chambres hautes,
Courut, voulant donner des armes à ses hôtes ;
Mais, quand il s'en revint avec ses serviteurs,
Chargés d'armes, déjà les lâches égorgeurs
Avaient tout massacré. Transporté de colère,
Sans les compter, sur eux fondit mon vaillant père,
Et le glaive à la main, le bouclier au bras,
Il frappa dans leurs rangs, jusqu'à ce qu'il fût las
De tuer, et qu'enfin, succombant sous le nombre,
Son âme descendit dans le royaume sombre.
Ma mère, cependant, enfermée avec moi
Et ses femmes, pâmait, expirante d'effroi.
Déjà la pâle mort errait sur son visage ;
Moi-même de mes sens ayant perdu l'usage,
Je tombai dans ses bras et n'entendis plus rien.
Mais, par hasard, du haut du monde olympien,
Vénus, tournant les yeux de vers la Propontide,
Aperçut le désastre, et d'un vol plus rapide
Que l'agile colombe, en son essor divin,
Aux bords de l'Hellespont, elle arriva soudain,
Frappa les meurtriers d'une terreur panique,
Et m'enlevant, avec une force héroïque,
Dans ce bois, cher aux dieux, s'en vint me déposer,
Et me tira de mon sommeil par un baiser.

Hélas ! ce n'était pas le baiser de ma mère !
Prévoyant les éclats de ma douleur amère,
La déesse me dit, en pleurant avec moi :
« Cypris, je suis Vénus. Je veillerai sur toi.
Sèche tes pleurs. Iris, messagère fidèle,
Ira brûler des tiens la dépouille mortelle,
Recueillera leur cendre, et dans une urne d'or
T'apportera bientôt ce funèbre trésor.
Par mes ordres aussi, les nymphes bocagères
T'amèneront ici tes brebis les plus chères,
Tes chèvres, tes agneaux, et le jeune poulain,
Qui, joyeux, vient manger dans le creux de ta main.
Les nymphes de l'Ida, la fraîche naïade,
La folâtre napée et la blonde oréade,
Garderont ton troupeau, promptes à t'obéir,
Heureuses de te voir, fières de te servir.

L'homme ne nourrit point de douleurs éternelles ;
Comme lui, tout en lui, tôt ou tard, a sa fin.
Les blessures du cœur, même les plus cruelles,
Sont longues à guérir, mais guérissent enfin.
Les tiennes feront place à ta gaîté première.
Quand on n'a que quinze ans, quand se montre à nos yeux
La jeunesse qui rit comme l'oiseau joyeux,
Il est si doux de vivre et de voir la lumière.
Cette grotte est à toi. Quand ton deuil finira,
Ta solitude aussi, mon enfant, cessera.
D'un berger, d'une race auguste et renommée,
Tu seras, si tu veux, l'épouse bien-aimée ;

Car ta beauté, qui va grandir, de jour en jour,
Enflammera son cœur d'un invincible amour.
Crois-en-moi. Je ne fais point de promesses vaines.
Par l'ichor[1] immortel qui coule dans mes veines,
Tout ce que je t'ai dit, Cypris, doit s'accomplir.
Le long des verts sentiers, voici déjà venir
Le groupe gracieux des nymphes, tes suivantes;
Commande-leur, ainsi qu'aux plus humbles servantes;
Elles savent former des chœurs harmonieux,
Chanter comme l'on chante à la table des dieux,
Danser d'un pied léger les danses les plus belles.
Laisse-toi t'égayer, ma fille, et fais comme elles. »

A ces mots, m'attirant des mains sur ses genoux,
Elle couvrit mes yeux des baisers les plus doux,
Et s'évanouissant en étoile qui tombe,
Je la vis s'envoler, radieuse colombe.

Depuis ce jour de deuil, vingt mois se sont passés,
Mes regrets douloureux ne sont point effacés,
Mais ils n'ont plus de fiel, et les ombres chéries
Des miens viennent me voir comme de bons génies.
J'ai mes chèvres, mes bœufs, mes brebis, cher troupeau,
Qui grandit, tous les ans, plus nombreux et plus beau.
Je le fais paître, avec les nymphes, mes compagnes,
Sur les coteaux herbeux, au flanc de ces montagnes.

---

[1]. C'est ainsi que Homère appelle le sang des dieux.

Comme Diane et son cortége, de nos traits,
Nous perçons quelquefois les hôtes de forêts ;
Ma protectrice auguste, adorable déesse,
Me protége toujours, fidèle à sa promesse. »
— Et le berger promis?
— « Il viendra. Rien ne presse.
— Il est venu, Cypris ; car ce berger, c'est moi.
Je suis un des cousins de Priam, le grand roi.
Au penchant opposé de l'Ida, mes cavales
Superbes, mes brebis, mes chèvres sans égales,
Mes génisses sans tache et mes bœufs vigoureux
Paissent dans les prés verts les gazons savoureux.
Oui, je suis le berger que Vénus te destine :
Oui, c'est son influence invincible et divine,
Qui m'a conduit ici, d'un fol amour épris ;
C'est elle qui me jette à tes pieds, c'est son fils,
Le redoutable Eros, dont le pouvoir allume
Dans mon sein, dans mon cœur, le feu qui le consume.
Je t'adore, Cypris ! Je t'aime ! sois à moi !
Mes troupeaux, et ma vie, et mon cœur sont à toi ! »

Cypris, profondément émue et rougissante,
Répondit, d'une voix, avec art, hésitante :
« Cousin du roi Priam, aux illustres aïeux,
J'augure, comme vous, que l'auguste déesse,
Dont la beauté séduit les hommes et les dieux,
A résolu d'unir notre double jeunesse.
Aux volontés du sort, on ne résiste pas.
Donc, si tels sont vos vœux, nous irons de ce pas

Aux autels de gazon, que mes mains, à l'orée
De ce bois, ont dressés naguère à Cythérée,
Consacrer à jamais, par un nœud solennel,
En invoquant l'hamen, notre amour mutuel.
— Mais, pour parler ainsi, tu m'aimes donc toi-même,
O ma chère Cypris?
     — Oui, sans doute, je t'aime!
Car tel que te voilà, depuis bientôt trois mois,.
Dans mon sommeil paisible en songe je te vois.
Par le sort, en naissant, je te fus fiancée,
Et lorsque je t'ai vu, j'ai dit dans ma pensée :
C'est lui!
  — Que Jupiter et tous les dieux du ciel,
Et Junon et Vénus, et toutes les déesses
Nous soient propices ! Viens ! à ton champêtre autel
Allons unir nos cœurs d'un lien immortel.
— Si tel est ton désir, allons ! La lune brille
Et nous sourit là-haut ; tu seras ma famille,
Mon père, mon époux et mon frère, et mon roi !
Tout ce que j'ai perdu, je le retrouve en toi. »
Elle dit et se lève, et marche, heureuse et fière,
Au bras du noble Anchise, à travers la clairière.
L'éclatante Phébé, les astres les plus beaux
Illuminent leurs pas de leurs chastes flambeaux.
Ils arrivent bientôt à ces autels rustiques
Que la jeune orpheline éleva de sa main,
Au pied d'un chêne immense aux rameaux fatidiques,
Et qui vont devenir les autels de l'hymen.
Ils invoquent tous deux les dieux de la Jeunesse,
L'Hyménée et l'Amour, pères de la Tendresse,

Aux regards enivrants, aux sourires vainqueurs ;
Ces semeurs de désirs de crainte et d'espérance,
Qui font, trop chers tyrans des âmes et des cœurs,
Trouver la volupté jusque dans la souffrance.

Comme Anchise et Cypris, sous le bleu firmament,
Achevaient d'accomplir, selon le rit orphique,
De ces temps primitifs l'union symbolique,
Et se juraient entre eux un mutuel serment,
Sur l'autel, tout en fleurs, deux blanches tourterelles
Se posèrent ensemble, en palpitant des ailes ;
Et les nymphes, en chœur, au fond des bois sacrés,
Entonnèrent des chants à l'hymen consacrés ;
Et l'Ida retentit sur sa cime étonnée,
De ces cris répétés : « Hyménée ! Hyménée ! »

O Muses ! qui dira l'ivresse des époux,
Et le long du chemin leurs entretiens si doux,
Et la main dans la main, si tendrement pressée,
Et le bonheur rêvé flottant dans leur pensée !
Ils regagnent la grotte où d'un vrai lit royal,
Les nymphes à l'envi font l'apprêt nuptial.
Les voilà, seul à seul ; au bonheur ils vont naître !
Que cette douce nuit courte leur va paraître !
Où sont jeunesse, amour, ardeur, force, beauté,
Trop courte on trouverait même l'éternité !

CHANT DEUXIÈME.

Quel est ce couple assis, là-haut, sur la colline,
Tandis que leur troupeau broute au loin l'herbe fine ?
Sans doute, le jeune homme est le fils d'un héros,
Ou bien plutôt du dieu qu'on adore à Délos ;
Car il a tous les traits de l'archer redoutable,
Phébus, qui lance au loin la flèche inévitable.
La blonde jeune fille, assise à son côté,
De Vénus elle-même a toute la beauté.
Tout révèle chez eux une illustre origine.
Les vulgaires bergers n'ont point si haute mine.
Ils s'aiment ! leur amour éclate dans leurs yeux,
Dans leurs gestes charmants, sur leurs fronts radieux.
Comme un luth lesbien, leur voix chante ou soupire,
Et le bonheur des dieux sourit dans leur sourire.
C'est Anchise et Cypris ; et le double troupeau,
Qui paît, disséminé, sur le riche côteau,
C'est le leur.
   Trente fois l'éblouissante armée
Des astres a fourni sa course accoutumée,
Depuis la nuit qu'Amour forma leurs doux liens.
Cependant au palais des grands Olympiens,

Depuis la même nuit, on remarque l'absence
De la belle Vénus; et cet évènement
Courrouce Jupiter qui l'aime tendrement.
Pour tromper son dépit et son impatience,
Il s'en va chez Vulcain, qui forge ses carreaux,
Essayer, tous les jours, quelques foudres nouveaux.
Enfin, las de tonner, au ciel et sur la terre,
Et voulant, à tout prix, éclaircir le mystère,
Il appelle son fils, Mercure, au pied léger.
Très-habile larron, plus adroit messager.
Fier de servir le roi des sphères éternelles,
Mercure, en un clin d'œil, s'ajuste ses quatre ailes,
Et connaissant les us de sa divine sœur,
Va descendre à Paphos, endroit plein de douceur,
Aux regards indiscrets retraite inaccessible.
Mais un moment suffit à son flair infaillible,
Pour s'assurer qu'il s'est trompé comme un enfant.
Cythère n'est pas loin, d'un essor triomphant
Il y vole. Chacun, en ce lieu de liesse,
Lui conte, en gémissant, que la bonne Déesse
Ne les visite plus; qu'on en est fort marri,
Mais qu'elle est retenue au ciel par son mari,
L'affreux Vulcain, jaloux gonflé de bile et d'ire.
Mercure, pour ne pas éclater d'un fou rire,
Se mord jusques au sang, et tournant les talons,
Aux zéphirs égéens ouvre ses ailerons,
Et s'en va visiter mainte île de délices,
Où l'on fait à Vénus d'étranges sacrifices.
Inutiles efforts! vaines excursions!
Mais quels dévots il voit! quelles dévotions!

Quelles fêtes ! quels chants ! quels singuliers mystères !
Comme il ne s'est jamais piqué de mœurs austères,
Mercure rit de tout et même de l'ennui,
Que, comme messager, il éprouve aujourd'hui.
Que faire cependant ? En désespoir de cause,
Sans avoir découvert la plus petite chose,
Opérer son retour aux célestes pourpris,
Honteux comme un renard qu'une poule aurait pris ? [1]
Ce serait désastreux. Une telle retraite
L'achèverait, après une telle défaite.
Il vaut mieux, pour trouver la belle et l'Adonis,
Battre encore et bosquets, et fourrés, et taillis,
Le val et le coteau, la plaine et la montagne ;
Mettre Pan et Sylvains et Faunes en campagne,
Corrompre, s'il le faut, et duègnes et valets,
Visiter la chaumière et fouiller les palais...
Mais quoi ! voilà-t-il pas que son estomac crie !
Où prendre le nectar ? Où trouver l'ambroisie ?
Bah ! Au lieu de ces mets fades des immortels,
On se régalera des mets substantiels,
Qui, pris et digérés, à raisonnables doses,
Font aux gourmets humains des visages si roses.
Mercure se déguise en marchand jeune et beau,
Avise, à quelques pas, un cabaret nouveau,
Entre résolument, trouve la nappe mise,
S'attable, mange, boit comme quatre... et se grise !
Cet état le mettant en très-gaillarde humeur,
Il lutine l'hôtesse et l'appelle « mon cœur ! »

[1] Vers de La Fontaine.

Et comme elle est accorte, avenante et candide,
Si le mari, butor à stature d'Alcide,
De fortune, n'était subitement venu,
Je ne sais vraiment pas ce qui fût advenu.
Mercure dégrisé dit : « Je n'ai pas de chance. »
Et se venge, en partant, sans payer la dépense.
L'hôte court après lui, mais le dieu des larrons
A repris ses grands airs avec ses ailerons;
Et le cabaretier, faute de le connaître,
Le salue en passant, et court après son traître.
Du tour qu'il a joué, Mercure, souriant,
Dirige cette fois son vol vers l'Orient,
Passe au-dessus de Smyrne où le Mélégigène [1]
Doit naître; puis longeant la côte lesbienne,
S'arrête à Ténédos, en face de Troja,
La cité, que longtemps Jupiter protégea;
Mais qui verra bientôt s'écrouler sa fortune,
Sous les coups des héros de la guerrière Hellas, [2]
La haine de Junon, le courroux de Neptune
Et le mortel dépit de l'auguste Pallas.

« Nulle part, se dit-il, on n'a vu Cythérée;
Elle a pourtant quitté la demeure éthérée,
Depuis un mois et plus, pour ce mortel séjour.
Là-dessous est caché quelque nouvel amour.
Le regard, des hauteurs de la cime olympienne,
Voit tout ce qui se passe en la plaine troyenne :

1. Homère
2. Premier nom de la Grèce.

Les jeunes Troyens sont doués d'une beauté,
Qui fit que Ganymède au ciel fut transporté.
Un autre Ganymède a tenté Cythérée.
De recoin en recoin, explorons la contrée. »
Comme il parlait ainsi, de ses grands yeux perçants
Il aperçoit au loin, sur les coteaux penchants
De l'Ida giboyeux, de grands troupeaux superbes,
Qui ruminent, couchés parmi les hautes herbes,
Et tout près, sous un orme au feuillage dormant,
Un couple, côte à côte, assis nonchalamment.
D'une pie aussitôt Mercure prend la forme,
Et, tout joyeux, s'en va se percher sur cet orme.
Le couple était charmant, sous les habits légers,
Que portent, à ravir, les phrygiens bergers.
Ils devisaient, les yeux dans les yeux, tête à tête,
Et les mains dans les mains, riant, se faisant fête,
Lui, beau comme Adonis, elle, mignonne et belle
A charmer tous les dieux, quoique simple mortelle.
De rameaux en rameaux, Mercure voletant,
S'approche, par degrés, du couple chuchotant.
Il écoute, il entend ces mille douces choses,
Que les deux amoureux se sont dites cent fois,
Et qui semblent toujours nouvellement écloses,
Sur leurs lèvres de pourpre, aux doux sons de leurs voix.
« Tiens ! se dit-il soudain, quelle bonne surprise !
Je connais l'amoureux ! oui, c'est le bel Anchise,
Cousin du roi Priam ; mais Elle... Par Jupin !
Rien de plus gracieux et de plus féminin...

Ces coquins de bergers, avec leurs pastourelles,
Sont plus heureux que nous avec nos immortelles.
Des déesses ! c'est beau !... mais c'est d'un ennuyeux !
D'une monotonie à déserter les cieux !
Sur mon âme ! n'était cette taille exiguë,
Et ce filet de voix flûtée et melliflue,
De Cythère on dirait la reine, en vérité.
Pourquoi pas ? Cythérée, en ses métamorphoses,
A bien souvent osé de plus étranges choses.
Mais elle a des yeux bleus, d'une telle beauté,
D'un charme si puissant, que jamais la traîtresse
N'en métamorphosa la forme enchanteresse.
Nous vous reconnaîtrons, bergère, à vos beaux yeux,
Lorsque, oubliant un peu votre chère conquête,
Vous daignerez vers nous enfin lever la tête... »
Mercure, là-dessus, d'un ton facétieux.
Se met à jacasser comme une vieille pie ;
Tellement que Cypris, de surprise saisie,
Comme Anchise, penché vers elle, allait poser,
Sur les lis de son cou le plus ardent baiser,
Trembla de tout son corps et releva la tête.
Mercure, à ce regard, se dit. « L'affaire est faite ! »
Et reprenant ses airs d'ambassadeur des dieux,
Descend comme quelqu'un qui descendrait des cieux,
Puis visible à Vénus, mais caché pour Anchise,
Lui dit de Jupiter la volonté précise.
La tête de Méduse eût moins épouvanté
Cypris, que ce message et cette volonté.
« Que faire, se dit-elle ? En sa toute-puissance,
Jupiter des dieux même exige obéissance,

Et contre son courroux rien ne peut secourir.
Pourquoi suis-je immortelle ? Ah ! je voudrais mourir ! »

Et Vénus fond en pleurs comme une simple femme.
Mercure, en la voyant, attendri dans son âme :
« Pourquoi pleurer, dit-il, ma chère ? Jupiter,
— Qui le sait mieux que vous ? — n'a pas un cœur de fer.
Etant sujet lui-même à plus d'une faiblesse,
Il ne condamne pas sans pitié la tendresse,
Mais il aime la règle ; et voilà plus d'un mois
Que vous pérégrinez sur la terre, je crois.
Mars tempête, Pallas se voile le visage,
Junon crie au scandale, et le Boiteux [1] fait rage.
Vous êtes l'ornement du céleste séjour,
L'orgueil de Jupiter, la perle de sa cour ;
L'Olympe tout entier s'ennuie en votre absence.
Il faudrait, tous les jours, faire acte de présence,
Assister quelquefois à nos festins damnés,
Vis-à-vis de Vulcain aux quatre pieds de nez ;
Et du grand Jupiter entre toutes chérie,
Faire sur ses genoux un brin de causerie.
Puis revenir trouver ce beau fils d'Ilion,
Comme fait Diana pour son Endymion. »

A ces sages conseils qui calment ses alarmes,
Vénus sent se mêler un sourire à ses larmes.

1. Vulcain.

— « O mon frère, allez dire à mon père honoré,
Que sa fille, soumise à son ordre sacré,
Se prépare à partir avec le char des Heures,
Et sera, dès ce soir, aux célestes demeures. »
Des accommodements connaissant tout le prix,
Et fier d'avoir été si promptement compris,
Mercure, de Vénus prend la main potelée,
La baise, et la voyant à demi consolée,
S'envole et disparaît.
     Était-ce un nouveau tour
De ce Dieu révéré des communards du jour?
Je ne sais; mais pendant cette courte entrevue,
Anchise, pris soudain d'un sommeil plein d'attraits,
Voyait la vision la plus inattendue,
Dont son amour faisait les poétiques frais.
Il voyait s'élever sa Cypris adorée,
Sur un nuage d'or, des Heures entourée,
Mais tous les traits empreints d'une telle grandeur,
Mais le front rayonnant d'une telle splendeur,
Qu'il disait, ébloui de sa beauté nouvelle :
« Ce n'est plus ma Cypris, non, c'est une immortelle!
Et comme un grand oiseau, dans l'azur envolé,
Cypris montait toujours, brillante sous son voile,
Jusqu'aux blanches hauteurs de l'éther constellé,
Dont elle devenait l'incomparable étoile.

« Oh! disait le songeur, c'est un jeu, n'est-ce pas?
Tu ne peux pas rester là-haut, mon immortelle.
Redescends! C'est ma voix, c'est mon cœur qui t'appelle!
Oh! ne me laisse pas en vain tendre les bras.

Je sais que la beauté de plus d'une Olympienne,
Honteuse, pâlirait, comparée à la tienne ;
Mais, quand l'Olympe seul serait digne de toi,
Comment, ma bien-aimée, y vivras-tu sans moi ?

A ces mots, s'arrachant au sommeil qui l'oppresse,
Il s'éveille, il regarde et cherche la beauté,
Qui tout à l'heure encor riait à son côté,
Et dont le doux regard le plongeait dans l'ivresse ;
Mais que voit-il ? grands dieux ! la reine de Paphos,
L'étoile de l'Olympe et la mère d'Eros,
Telle qu'à l'instant même il la voyait en songe.
Ce n'est pas une erreur, ce n'est pas un mensonge !
C'est la réalité dans toute sa douleur.
Anchise ne peut plus douter de son malheur.
La pâleur de la mort sur son visage est peinte,
Les pleurs, prêts à jaillir, se glacent dans ses yeux ;
Son cœur cesse de battre et sa voix est sans plainte ;
Immobile et muet, il regarde les cieux.
D'un désespoir si vrai profondément émue,
La Déesse lui dit, du sommet de la nue,
Où flotte, suspendu, près de la terre encor,
Son char fait d'un nuage aussi jaune que l'or.
« Anchise, mon ami, je suis Vénus. Je t'aime.
Mais du grand Jupiter la volonté suprême,
Me rappelle là-haut. Mon cœur reste avec toi.
J'emporte un gage heureux de ton amour pour moi ;
Il aura nom Enée et sauvera les restes
Des Troyens, condamnés par les destins funestes.

Quand la guerre fondra sur la cité de Tros,
Il se distinguera parmi tous les héros ;
Et quand de l'incendie elle sera la proie,
Emportant avec lui les Pénates de Troie,
Il s'en ira fonder aux rivages latins
Un empire, à son fils promis par les destins,
Et qui, vainqueur, un jour, sur la terre et sur l'onde,
Dans sa ceinture immense embrassera le monde.
Ne t'inquiète pas. Je jure par le Styx,
Serment inviolable à Jupiter lui-même,
De te rendre bientôt la déesse qui t'aime,
Et ne sera jamais pour toi que ta Cypris. »

Elle dit, et son char comme un astre qui passe,
Par les Heures conduit, par des cygnes traîné,
Sous un souffle divin s'élança dans l'espace.
Et dans son vol, toujours d'éclat environné,
Arriva comme un trait à la céleste voûte ;
Anchise en vain voulut le suivre dans sa route ;
Il ne vit bientôt plus qu'un globe radieux,
Qui devint une étoile en atteignant aux cieux.

L'infortuné trouva cette étoile si belle,
Qu'il resta là, veillant, comme on veille un trésor,
Et que le lendemain, à l'aurore nouvelle,
Ses yeux émerveillés la contemplaient encor.

A quelque temps de là, fidèle à sa promesse,
Dans la grotte, témoin de leurs chères amours,

Plus tendre que jamais reparut la déesse,
Et pour le beau berger revinrent les beaux jours.

De l'Olympe à l'Ida, Vénus, dans son nuage,
Pour la neuvième fois avait fait le voyage,
Lorsque naquit l'enfant, père de ces Romains,
Qui devaient gouverner, un jour, tous les humains.
Dans un berceau de fleurs les nymphes le couchèrent
Trois chèvres au poil roux à l'envi l'allaitèrent ;
Et pour lui témoigner leur joie et leur amour,
Par mille chants nouveaux, que la flûte accompagne,
Et des danses en chœur, dont trembla la montagne,
Toutes les déités fêtèrent ce grand jour.

DISCOURS-CONFÉRENCE

SUR

L'HISTOIRE ROUMAINE

Socrate se promenant, un jour, accompagné de l'illustre cortège de ses élèves : Thucydide, Euripide, Platon, Alcibiade et autres, rencontra dans une rue d'Athènes un bel adolescent de 15 à 16 ans, dont l'heureuse physionomie le charma : « Sais-tu, mon garçon, lui dit-il, en l'interpellant avec cette familiarité qui lui était habituelle, sais-tu où l'on se procure les choses nécessaires à la vie ? — Au marché, Socrate, dit le jeune homme, en rougissant avec cette candeur, qui embellit de tant de grâce la figure de l'adolescence.

« Τῆς ἀρετῆς τὸ χρῶμα ! la couleur de la vertu ! dit Socrate, en se tournant vers ses disciples. Et puis s'adressant de nouveau à l'adolescent : « Sait-tu où l'on apprend à devenir honnête homme et bon citoyen ? » Et comme l'enfant hésitait, en rougissant encore plus fort : — Tu n'en sais rien, n'est-ce pas ? Eh bien ! viens avec nous, et tu l'apprendras. »

Et l'adolescent fit comme lui avait dit Socrate; et ayant suivi ses leçons, avec cet enthousiasme de religieuse vénération, que le grand philosophe savait inspirer, il devint aussi un de ses plus illustres disciples, un des plus grands hommes d'Athènes. Ce bel adolescent, c'était Xénophon, l'auteur de la Cyropédie, le chef et l'historien de la Retraite des Dix mille, cet admirable écrivain, qu'on surnomma *l'Abeille attique* ; ce charmant moraliste, dont la morale a toute la douceur de celle de Fénélon ; ce grand citoyen qui, dans toute sa glorieuse carrière, fut un modèle de patriotisme, de génie et de vertu.

Voulez-vous savoir, vous dirai-je aujourd'hui à mon tour, où l'on apprend à devenir honnête homme et homme pratique, militaire esclave du devoir et fonctionnaire intègre, bon citoyen en un mot ? Lisez et méditez l'histoire.

Car l'histoire est, comme la vie, une école où l'on apprend toujours.

Lisez donc et méditez l'histoire, comme nous la racontent Thucydide, Xénophon, et cet illustre vieillard qui a sauvé la civilisation, en sauvant Paris, et qui, s'il plaît à Dieu, aura aussi l'honneur de réparer les désastres de la France (1).

Et quand vous aurez bien compris les récits de ces juges suprêmes des actions humaines, lisez aussi les chroniques, les fragments d'histoire de la Roumanie; car malheureusement elle n'a pas encore d'histoire définitive ; — et vous comprendrez aussi pourquoi les beaux commencements des colonies

---

1. M. Thiers était alors président de la République française.

Trajanes n'ont abouti, pendant tant de siècles, qu'à des luttes trop souvent désastreuses, illuminées çà et là des éclairs fulgurants des victoires des Mircea, des Etienne-le-Grand et des Michel-le-Brave.

Il y a là pour quiconque sait penser et réfléchir un vaste sujet de fructueuses études et de réflexions fécondes. Mais c'est une autre tâche que je me propose aujourd'hui. Celle-ci est moins rude, et ne présente guère que des pages héroïques, puisqu'il s'agit des faits les plus mémorables de l'*Histoire Roumaine*.

N'allez pas toutefois vous figurer que mon intention soit de m'étendre uniquement, avec complaisance, sur les beaux faits d'armes des aïeux, sur des victoires fugitives et des conquêtes précaires, non, je m'efforcerai de donner à cet aperçu, qui ne saurait être que fort incomplet, une couleur plus sérieuse, une façon d'enseignement plus philosophique.

Il y a dans l'histoire quelque chose de plus beau que les plus beaux faits d'armes, quelque chose de plus glorieux que les plus glorieux trophées ; c'est l'étude des forces intellectuelles, physiques et morales, par lesquelles une nation se fonde, se développe s'élève, conquiert au soleil la place qui lui convient, et comme un bel arbre aux racines vigoureusement enfoncées dans le sol, vit sa vie normale, en attendant que les infirmités, inhérentes à l'humanité, l'affaiblissent et la conduisent plus ou moins lentement à sa fin.

Au nombre des forces intellectuelles et morales, nous plaçons en première ligne, au point de vue historique, le caractère, la religion, le patriotisme ; et nous le faisons d'autant plus volontiers, que selon nous, ce sont ces trois forces, qui, à travers tant de siècles et de crises, ont soutenu, ranimé et sauvé la nationalité daco-roumaine.

Je dis *daco-roumaine*, parce que, contrairement aux récits des auteurs qui se sont servilement copiés les uns les autres, je ne crois pas qu'après les triomphes de Trajan en Dacie, il y ait eu extermination de la race vaincue par la race victorieuse L'extermination n'était ni dans la politique romaine, ni dans le caractère de Trajan.

Sans doute la guerre faucha largement dans la population virile du pays; mais les femmes, les enfants, les vieillards, les restes des armées y survécurent, et, après avoir cherché un refuge dans les montagnes, pendant les horreurs de la lutte, sortirent de leurs retraites inaccessibles, ou à l'appel de la clémence impériale, ou à l'arrivée des colons.

Il y eut donc fusion et non pas extermination. Nous n'en aurions d'autre preuve que la ressemblance presque photographique des Daces sculptés sur la colonne Trajane, avec les paysans actuels de la plupart des districts, que cela nous suffirait, et que toutes les dissertations contraires nous paraîtraient frappées de néant, en présence de cette preuve immortellement vivante.

Or, s'il y eut fusion des deux races, pourquoi se glorifier de descendre de l'une, à l'exclusion de l'autre? Etait-ce une race à dédaigner pour aïeule que cette nation qui, la dernière parmi les grandes nations, non-seulement osa se mesurer avec Rome, mais lui imposa même une humiliation que ne lui avaient point fait subir, ni les Gaulois au pied du Capitole, ni les Samnites aux Fourches Caudines, ni Annibal, après le désastre de Cannes; l'humiliation d'un tribut, qu'elle paya pendant 12 ans à l'héroïque Décébale, sous le règne de Domitien et de Nerva ?

Etait-ce un homme à renier pour ancêtre que ce Décébale, ce roi-soldat qui, après avoir disputé le sol de son pays, pied à pied, de forêt en forêt, de rocher en rocher, dans les gorges et les précipices, au bord des fleuves, derrière les remparts de sa capitale, s'empoisonna, voyant tout perdu, avec ses derniers compagnons d'armes, non moins pour ne pas survivre à sa patrie, que pour ne pas tomber vivant entre les mains du vainqueur ?...

Pour moi, je l'estime aussi grand que Trajan lui-même, et je crois fermement que la Roumanie de l'avenir, la Roumanie, plus soucieuse de ses origines et de ses titres de noblesse, honorera Décébale comme Troie honorait son Hector, Athènes son Codrus, Sparte son Léonidas, Jérusalem son Judas Machabée, et la Gaule son Vercingétorix.

Si j'ai insisté sur ce fait incontesté de l'indomptable défense des Daces, c'est que je me suis toujours senti un irrésistible penchant pour le vaincu contre le vainqueur. Comme la reine de Carthage, *non ignarus mali, miseris succurrere disco*.

C'est aussi parce que ce grand fait illustre, pour ainsi dire, d'une double gloire, le berceau de la Roumanie, issue d'un peuple qui sut mourir avec l'héroïsme des races antiques, et d'un peuple qui n'est devenu le plus grand de tous que parce qu'il a su, mieux que tous les autres, conquérir par ses armes et fonder par sa politique.

Les colons qui vinrent, à la voix de Trajan, s'établir sur les bords du Danube, les uns de l'Espagne et de la Lusitanie, les autres, en bien plus grand nombre, de l'Italie et de la Gaule, eurent comme l'empire, leur âge d'or, avec le IIe siècle de l'ère chrétienne.

Le christianisme, en pénétrant facilement chez eux, et en s'y établissant presque sans obstacle, leur apporta un nouvel élément de moralité et de civilisation. Aussi les nouvelles populations Danubiennes s'élevèrent-elles rapidement à un degré de prospérité, qui fit, en moins d'un siècle, de la conquête de Trajan, une des plus belles provinces du monde impérial. Les anciennes cités sortirent de leurs ruines ; on en bâtit de toutes parts de nouvelles, avec cette rapidité qu'imprimait, partout où elle s'exerçait, la volonté du peuple-roi.

Mais au III° siècle, la Dacie Trajane tomba brusquement de l'âge d'or dans l'âge de fer.

Quelque chose de fantastique comme une immense nuée de vautours humains s'était élancée des solitudes et des forêts boréales. La formidable nuée noire, étendant à l'horizon ses ailes gigantesques, roulait, roulait, avec les bruits sinistres de l'avalanche et de l'ouragan, ne laissant derrière elle que le désert et la mort. C'étaient les barbares du septentrion, qui, ayant flairé, avec le flair infaillible des bêtes fauves, du côté du sud et de l'ouest, une magnifique proie, proportionnée à leurs appétits gloutons, précipitaient, sur les plus riches contrées de l'Empire, le ban et l'arrière-ban de leurs hordes sauvages.

* *
*

Il y eut alors dans le monde romain un épouvantement de stupéfaction universelle, un craquement de terreur, pareil à celui qui a passé, ces années dernières, sur l'Europe civilisée, et dont frissonnent encore les cœurs les plus stoïques.

Goths et Visigoths, Alains et Gépides, hordes Huniques, Avares, Bulgares, Tatares et Maghiares, tous les envahisseurs passèrent tour à tour sur le corps de la pauvre Dacie Trajane qui, brisée, écrasée, déchirée en lambeaux, ne conservant d'autre force que celle du sentiment de ses maux infinis, disparut, pour ainsi dire, de la face du monde, sans y laisser ni nom ni trace. Elle n'était pas morte cependant, cette forte race latine, entée sur la vigoureuse race dacique. Mutilée et dispersée, elle avait trouvé un refuge dans les montagnes, ces grandes arches bâties de la main de Dieu, et répandues çà et là sur le globe, pour offrir aux peuples malheureux un asile inviolable contre les atrocités de la force brutale victorieuse.

Les montagnes sont le séjour des Dieux, des aigles et des prophètes. C'est là qu'ont été élévés les premiers autels, et qu'on a entendu les premiers oracles ; c'est là que Jéhova s'est montré une fois, face à face, à un homme, parmi les éclairs et les tonnerres. C'est là que résident les bons génies des peuples ; c'est de là que prend son essor l'archange de la Liberté, lorsque Dieu l'envoie renverser d'un souffle les trônes condamnés. C'est sur les cimes les plus hautes que nous apparaissent les plus grandes figures de l'humanité : Prométhée sur le Caucase, Moïse sur le Sinaï, Jésus sur le Thabor, Guillaume Tell sur les glaciers des Alpes !

Tout s'atrophie et se corrompt dans l'air malsain des cités ; tout se purifie et se fortifie dans l'air pur des montagnes.

C'est là qu'on se sent vivre, parce qu'on se sent plus près de Dieu, l'éternelle source de vie.

Les Daco-roumains trouvèrent dans les Carpathes une de ces arches de salut, contre les flux et les reflux destructeurs de la Barbarie.

Pendant tout le temps que les diverses hordes traversaient la plaine, au grand trot de leurs petits chevaux sans selle et sans frein, ils retrempèrent sur les sommets, dans les creux des rochers, avec leur vigueur physique, leur énergie morale, et cet ardent amour de l'indépendance, qui les a fait sortir, depuis, de ant d'éclipses et de naufrages, ce qu'ils étaient au commencement : Roumains ! conservant toujours, sinon pur de toute atteinte, au moins toujours reconnaissable, ce triple palladium de la nationalité : la religion, la langue et l'autonomie.

* *
*

C'est avec ce palladium que Rodolphe-le-Noir vint, vers 241, d'au-delà des monts, rétablir dans les domaines paternels les descendants des premiers colons. Rodolphe-le-Noir ! Saluons-ci, messieurs, ce restaurateur de l'indépendance roumaine, ce fondateur d'une ère nouvelle, qui sut asseoir son édifice national sur des bases si solides, que ni les machines de guerre, ni les tempêtes des siècles, ni l'anarchie érigée en système, ni l'astuce des Turcs et la rapacité des Phanariotes, n'ont pu arracher de ses fondements.

C'est qu'en donnant à son gouvernement le principe qui fit la grandeur de Rome, le principe électif, depuis la couronne jusqu'à la fonction la plus infime, Rodolphe lui communiqua la force vitale du gouvernement de la grande République, qui promena ses aigles victorieuses, du centre à la circonférence de l'ancien monde.

Certes, si ce principe avait été régulièrement pratiqué par les successeurs de l'habile fondateur, comme il l'avait été à Rome, depuis le vengeur de Lucrèce, Brutus, jusqu'à Paul-Emile, le vainqueur de Persée; si la Moldavie, en naissant, n'avait pas formé un état à part, une principauté rivale, au lieu d'une principauté-sœur, la Roumanie actuelle, établie dès cette époque, aurait pris des développements qui en auraient fait sans doute un grand état, capable de résister aux Ottomans mêmes et peut-être d'empêcher leur établissement en Europe.

La cause première et déterminante de toutes les déceptions, de toutes les misères, de tous les désastres de la Roumanie, comme de la plupart des nations, fut toujours l'indiscipline dans l'application du principe électif ; car les abus et les désordres qu'ils entraînent fatalement, changent les remèdes les plus efficaces en poisons mortels. L'indiscipline, pour les nations comme pour les individus, est un de ces poisons.

Toutes les fois qu'un peuple a su s'imposer, ou se laisser imposer, par ses législateurs et ses chefs, une discipline austère, inviolable, une religion du devoir enfin, ce peuple a été grand, respecté, admiré.

Telle fut la gloire de la Roumanie sous Mircea I-er. Bajazet, enivré des fumées de son triomphe de Nicopolis, osa demander au prince roumain un tribut annuel, dix fois supérieur à celui qui avait été consenti, plus, cinq cents jeunes Roumains, pour en faire des janissaires sans doute. Mircea, justement indigné, répondit en appelant son pays aux armes, et postant ses troupes aux orées des bois, aux défilés des collines, par où devait passer l'ennemi envahisseur, l'attendit de pied ferme. Les forêts, les rochers, les roseaux, s'animèrent, pour ainsi dire ; chaque sapin devint un homme, chaque chêne, un guerrier, chaque pointe de rocher, une embuscade. Bajazet dit l'Eclair, devint, lui, un éclair sans tonnerre ; et des troncs des arbres, des cavernes et des creux des rochers, tant de flèches tombèrent sur son armée de 200.000 hommes, qu'il repassa le Danube, battu et honteux comme un lion qui fuirait devant un renard.

Voilà comme triomphent les vrais capitaines, ceux qui savent faire de leurs soldats les héros du devoir, soumis comme des esclaves, et des esclaves du devoir, braves comme des héros !

Sans doute Mircea a d'autres pages brillantes dans son règne de 23 ans ; mais elles s'éclipsent toutes devant celle-ci, comme les étoiles devant le soleil. Heureuse la Roumanie, si elle avait su conserver la discipline civile et militaire, l'organisation vraiment nationale dont l'avait dotée le génie prévoyant de Mircea. Elle aurait eu et conservé une armée permanente bien avant la plupart des peuples européens ; cette armée aurait fait respecter ses frontières et sa première indépendance reconquise ; ses institutions auraient été stables, et de la stabilité seraient nés l'ordre et la force, ces deux grands générateurs du progrès.

L'Empaleur Vlad n'aurait point deshonoré son règne par des cruautés aussi extravagantes qu'horribles, et au lieu de devenir un hippodrôme de coureurs de trônes, le grenier de Stamboul et la ferme des Phanariotes, le pays serait redevenu la Dacie de Décébale !

De Mircea à Rodolphe-le-Grand, les principes politiques, qui avaient fait la grandeur de la Roumanie, sont faussés ou foulés aux pieds.

L'anarchie, la tyrannie, l'intrigue, la trahison règnent et gouvernent ensemble ou à tour de rôle, au milieu de compétitions furieuses et de rivalités anti-nationales. La Pologne convoite les riches campagnes de la Moldavie, la Hongrie les fertiles plaines de l'Olto, la Porte fait et défait les princes, qui se disputent, les armes à la main, un trône toujours vendu et revendu au plus offrant et dernier enchérisseur.

***

Point de sécurité nulle part. Le paysan, chaque jour dépouillé, trace son sillon en tenant d'une main le soc et de l'autre le sabre, toujours prêt à quitter la charrue pour marcher au combat, et à chercher, quand l'oppression devient intolérable, dans les gorges des montagnes, un refuge, qui ne fit jamais défaut à ses aïeux, un asile impénétrable pour sa religion, sa famille et sa nationalité, triple culte qu'il entretient dans son cœur, comme les vestales entretenaient le feu sacré. Une seule figure qui approche quelquefois de la grandeur par le terrible, apparaît comme un monstrueux fantôme dans les pénombres de cet âge de confusion babélesque ; c'est Vlad l'Empaleur, que nous nous bornons à nommer, ne nous sentant pas le courage de nous arrêter sur son règne, qui semble appartenir bien moins au domaine de la réalité qu'à celui du cauchemar.

Je ne sais si c'est son peuple, ou un biographe quelconque qui a donné à Rodolphe IV le surnom de Grand, mais j'éprouve une grande satisfaction à voir ce surnom, que la bêtise humaine n'accorde guère qu'à ceux qui traitent leurs semblables comme les bouchers traitent les troupeaux, appliqué une fois à un prince glorieusement pacifique, qui mérita aussi le surnom de *Numa* de la Roumanie ; et qui, dans ses réformes religieuses, eut pour Egérie, non pas une nymphe imaginaire, mais un flambeau de l'église roumaine, le fameux patriarche Niphon, homme de grand savoir et de grand caractère.

Malheureusement, Rodolphe se brouilla avec cet homme illustre, qui avait été jusqu'alors son bon génie, et cette querelle rendit la dernière année de son règne aussi sombre que les autres avaient été brillantes.

Rodolphe avait pris en si grande amitié un boyard moldave, réfugié à sa cour, qu'il lui fit épouser sa propre sœur. Or, le proscrit avait déjà femme et enfants en Moldavie. La première femme porta plainte au patriarche ; Niphon résolut de casser le second mariage, mais Rodolphe s'y opposa. Jaloux de son autorité méconnue, et poussé à bout par l'obstination du prince, le patriarche, un dimanche, à la porte de sa cathédrale, en présence de tous les fidèles, excommunia solennellement les nouveaux mariés. Rodolphe, furieux, bannit Niphon et défendit de lui donner asile. Arrivé aux frontières de la principauté, le redoutable banni lança contre le prince et contre les Roumains les plus terribles imprécations. Bientôt après, une famine extraordinaire vint désoler le pays ; le peuple vit dans cette calamité l'accomplissement des malédictions du patriarche. Les prêtres favorisèrent cette croyance superstitieuse, et mirent au nombre des saints, Niphon, qui était mort sur ces entrefaites. La guerre civile fut sur le point d'éclater. Non moins superstitieux que ses sujets, Rodolphe se crut l'objet des vengeances célestes ; dévoré de remords, il tomba malade, et mourut au milieu d'épouvantables angoisses.

La terreur religieuse dont les Roumains étaient frappés, ne cessa point avec la mort du Voïvode, et longtemps après, toutes les fois qu'une calamité quelconque affligeait le pays, le peuple l'attribuait aux malédictions du redouté patriarche.

Pendant que la Valachie respirait sous le règne réparateur de Rodolphe IV, la Moldavie s'était élevée au plus haut point de splendeur, sous le sceptre de l'héroïque Etienne le Grand.

* *
*

Quarante victoires remportées sur les Turcs, les Tatares, les Polonais et les Hongrois, en l'honneur desquelles il avait fait bâtir 40 églises, attestent hautement les talents militaires de ce prince.

Les conseils qu'il donna, avant de mourir, à son fils Bogdan, n'attestent pas moins sa prévoyance, toute mêlée de crainte et d'héroïsme.

« O mon fils, dit-il, et vous, mes compagnons d'armes, ce n'est pas la mort qui m'épouvante, ce sont les Turcs qui sont à nos portes, plus nombreux que jamais, et résolus à se rendre maîtres de notre cher pays. Nos armes, affaiblies par tant d'efforts, ne sauraient suffire à repousser leurs attaques, les secours étrangers sont éloignés et incertains ; et cependant le péril est là menaçant, *inévitable*. Une seule chance nous reste, c'est de traiter avec nos agresseurs.

Notre soumission sera comme une eau salutaire, répandue à temps sur l'incendie qui menace de nous dévorer. Je vous exhorte donc à désarmer le Sultan par votre condescendance. Quelle qu'elle soit, la paix sera honorable pour vous, si vous pouvez obtenir la conservation de nos lois civiles et religieuses.

Cependant si l'ennemi osait vous imposer des conditions dont vous auriez à rougir devant Dieu ou devant les hommes, n'hésitez pas! reprenez les armes ; peut-être la victoire viendra-t-elle encore se ranger sous nos drapeaux ; mais, dussiez-vous succomber jusqu'au dernier, mieux vaut mourir en braves, l'épée à la main, que de survivre à la religion et à l'indépendance nationales. »

Etienne mort, Bodgan fit pour la Moldavie ce qu'avait fait Mircéa pour la Valachie ; et, faute d'avoir su s'entendre, les deux Principautés n'eurent qu'à gémir sous le même joug, joug dont le poids alla toujours croissant jusqu'à Michel-le-Brave, auquel je me hâte d'arriver, pour n'avoir pas à retracer le fastidieux tableau des intrigues sans fin, par lesquelles on préludait dans les Conseils viziriels à l'ère néfaste des Phanariotes.

Michel était ban de Craïova, lorsque le pays gémissait sous l'oppression des Turcs et la tyrannie d'Alexandre : il sut préserver la Petite-Roumanie de tous les maux dont souffrait la Grande. La renommée de sa sage administration, de son équité, de son énergie, se répandit avec tant d'éclat dans tout le pays, qu'Alexandre en conçut une jalousie frénétique, et résolut de se débarrasser de celui dont la conduite était comme une vivante satire de la sienne. Michel, sur qui se reportaient déjà toutes les espérances de la Roumanie, fut secrètement averti du danger qui le menaçait ; il allait passer la frontière roumaine, pour se réfugier en Transylvanie, lorsqu'il fut surpris par des émissaires d'Alexandre et conduit à Bucarest. L'émotion universelle que causa cette arrestation, lui donna les proportions d'un malheur public. Tout concourait à exciter l'intérêt et la pitié en faveur de l'illustre prisonnier. C'était le dernier fils de Pierre-le-Bon, le seul de tant de princes dont le peuple vénérât la mémoire ; il était alors dans toute la splendeur de la jeunesse ; sa haute taille avait une prestance héroïque, une épaisse barbe noire encadrait admirablement sa mâle figure ; sur son front brillait déjà comme un éclat précurseur de ses grandes destinées, il y avait dans toute sa personne un heureux mélange de la beauté grecque et de la majesté romaine. La noblesse native de ses manières, le rayonnement de son regard doux et fier, son sourire sympathique, tout contribuait à lui gagner les cœurs On citait de lui des traits de courage qui étonnaient les plus braves, on savait que, comme ban de Craïova, il avait fait le bonheur de la Petite-Valachie ; on était persuadé que, s'il parvenait au trône, il mettrait fin à tous les maux du pays. Plus il avait fait concevoir d'espérances, plus on tremblait pour son sort. L'incertitude ne fut pas de longue durée. Les tyrans sont expéditifs dans leurs vengeances. Michel était à peine arrivé à Bucarest qu'on sut qu'Alexandre l'avait fait condamner à mourir sur l'échafaud. Le jour de l'exécution, tous les habitants de la nouvelle capitale se pressaient sur la place où devait s'accomplir ce terrible drame. La garde d'Alexandre, la milice et les Janissaires étaient sous les armes. L'impossibilité de délivrer la victime, répandait sur les visages consternés l'expression d'un morne désespoir. Le condamné arriva entre deux fortes haies de soldats ; mais comme il dépassait la foule de toute la tête, les plus éloignés même le distinguaient sans peine. Son visage, calme et intrépide, resplendissait d'une beauté sublime. Quand il gravit les degrés de l'échafaud, un long gémissement s'échappa de toutes les poitrines, comme l'âme de tout un peuple. Le bourreau était là, la figure couverte d'une pâleur sinistre, la main droite appuyée sur le manche de la hache, la hache touchant au billot. Le condamné salua du geste et du regard la foule stupéfaite, puis alla d'un pas ferme s'agenouiller au pied du billot. A cette vue, tous les genoux fléchirent, tous les fronts s'inclinèrent, toutes les mains se joignirent, suppliantes, et il se fit de toutes parts un silence plein d'angoisse. Le condamné priait, le front baissé ; après une courte prière, il releva la tête et regarda l'homme de sang, comme pour lui dire que le moment de frapper était venu. A ce regard où brille une majesté surhumaine, le bourreau confondu recule, comme le Cimbre sous le regard flamboyant de Marius : la hache qu'il allait lever, lui échappe des mains, ou plutôt il la jette loin de lui, en criant d'une voix éperdue, qu'il ne peut frapper la victime. A cette fuite inouïe, à cette épouvante du bourreau, où se manifeste d'une manière si éclatante l'intervention divine, un cri immense s'élève du sein de la foule émerveillée : « Grâce, grâce ! » La milice, la garde elle-même, s'associe à cette prière unanime. Alexandre, comprenant qu'il ne trouvera personne qui consente à remplacer le bourreau, veut se donner au moins le mérite d'une clémence spontanée, et le mot de « grâce ! » tombe aussi de ses lèvres, qui avaient la veille prononcé l'arrêt de mort. Aussitôt le peuple se précipite vers l'échafaud ; il veut aller briser les liens de Michel et le porter en triomphe ; mais il en est empêché par les Janissaires, qui lui opposent une barrière infranchissable.

Cependant on délie les mains du condamné : il est sauvé ! il est libre ! et du moins la dernière étoile du malheur, l'Espérance, brille encore au ciel de la Roumanie.

* * *

Vous savez tous avec quel éclat Michel réalisa cette espérance. Vous savez tous à quelle apogée de grandeur et de puissance il éleva un moment la Roumanie partout victorieuse. Hélas ! ce ne fut qu'un éclair ! mais cet éclair traça dans l'espace un si beau sillon de lumière que ses reflets éclairent encore aujourd'hui le pays, de la Theiss au Borysthène et de nos Carpathes aux sept collines de Constantinople. Nous ne suivrons pas le héros dans son étonnante carrière, il faudrait dix conférences pour raconter son histoire, à commencer par l'immortelle journée de Calougareni, jusqu'à la victoire de Sibiu et à son entrée triomphale à Clausenbourg.

Après sept ans de succès, aussi éclatants que rapides, la roue de la fortune fit un tour ; et les plus glorieuses victoires furent expiées par les revers les plus désastreux. Le brillant édifice à peine achevé, fut démoli, assise par assise, par les coalitions et les trahisons. Ce sont là les fourches Caudines que le destin réserve à la plupart des conquérants, aujourd'hui souverains de plusieurs empires, demain n'ayant pas une pierre où reposer leur tête ; aujourd'hui maîtres du monde, demain relégués dans un îlot de la Méditerranée, ou comme Prométhée, attachés à un rocher que garde un sbire anglais, au milieu de l'Océan. Tel, et plus tragique encore, fut le sort du héros roumain. Dépouillé de ses conquêtes, dépouillé de sa propre principauté, privé même de sa famille, Michel tomba, de chute en chute, jusqu'à la protection de l'empereur Rodolphe, qui voulut bien le nommer gouverneur de Transylvanie, à condition qu'il irait conquérir ce gouvernement sur Sigismond Bathory, qui s'était révolté contre son suzerain.

Michel accepta tout, dans la secrète pensée de se faire de son nouveau poste un piédestal pour ressaisir la fortune ; et la fortune, par un de ses jeux cruels, le favorisa encore une fois pour le mieux trahir de nouveau. Il gagna contre Moïse Tékéli la bataille de Goroslo, mais Basta, son ennemi mortel, avec lequel Rodolphe l'avait forcé de se réconcilier, et qu'il lui avait donné comme une sorte de lieutenant, Basta ne pouvait pardonner à Michel ni la gloire, dont il s'était couvert, ni les préférences dont l'honorait l'empereur. De la haine au crime il n'y a qu'un pas pour les ambitieux, surtout quand cette haine est stimulée par l'envie. Après avoir longtemps roulé dans son esprit mille projets sinistres, pour se défaire de son rival, Basta s'arrêta au crime des lâches, l'assassinat par trahison. Cette résolution prise, il fallait se hâter de l'exécuter ; Basta le savait, et il prit ses mesures en conséquence.

Le 18 août 1601, dans la plaine de Tourza où se trouvait le camp, 300 assassins commandés par un chef, nommé Jacques Béauri, entourèrent la tente du prince roumain. Le moment avait été bien choisi par Basta ; Michel était seul ; il comprit aussitôt qu'on en voulait à sa vie. Béauri entra dans la tente : « Au nom de l'empereur, dit-il, vous êtes mon prisonnier. » — Pas vivant ! s'écria le héros, d'une voix tonnante et les yeux étincelants de rage. L'assassin pâlit et voulut reculer ; mais déjà Michel s'était jeté sur lui et lui avait plongé son épée dans le corps. Tandis qu'il la retirait, l'un des meurtriers lui fracassa le bras droit d'un coup de pistolet ; un autre lui perça la poitrine de sa lance. Le sang jaillit, le héros tomba. Les assassins se ruèrent sur lui, le criblèrent de blessures, et lui coupèrent la tête.

Cette tête qui avait formé et exécuté tant de grandes choses ; qui en méditait de plus grandes encore, souillée et profanée par les outrages de ces lâches scélérats, fut portée à Basta. Le traître la paya au poids de l'or, et se hâta d'envoyer à l'empereur un courrier, avec de fausses lettres, dans lesquelles le prince roumain était accusé de trahir Rodolphe au profit de la Turquie. Cette prétendue trahison justifiait l'assassinat. Les lettres lues, l'attentat ne fut aux yeux de l'empereur, complice ou crédule, qu'une preuve de dévouement qui méritait une haute récompense.

Basta fut nommé gouverneur de la Transylvanie.

. . . .

On montre encore au monastère de *Déalou*, enfermée dans une misérable boîte, une tête qu'on dit être celle du vainqueur de Calougareni. Nous avons tenu ce crâne dans nos mains, et l'examinant avec une religieuse curiosité, nous y avons trouvé énergiquement accusés tous les signes de l'ambition, du courage, de la volonté et surtout d'une haute intelligence. La science de Gall se trouve d'accord avec la tradition, pour confirmer l'authenticité de cette relique nationale. On éprouve donc une douloureuse surprise, en voyant le pauvre meuble qui la renferme. Ce n'est qu'un crâne sans doute, mais c'est celui du plus grand homme du pays, du seul prince dont le nom soit resté justement populaire parmi nous. Ce ne serait pas, il nous semble, un trop grand sacrifice pour la reconnaissance et la piété nationales qu'une boîte d'or, au pied d'un autel, pour conserver ce précieux reste de notre héros à la vénération de la postérité. Le culte des grands souvenirs entretient dans le cœur des peuples le culte des grandes choses. C'est la récompense des morts et une des vertus qui honorent le plus les vivants.

Le malheur s'est attaché à notre Michel jusque dans le portrait populaire qui nous reste de lui. Ce portrait ne répond nullement à l'idéal que l'imagination se crée de ce héros, en le suivant dans sa rapide et brillante carrière. Dans ce portrait, Michel, malgré sa haute taille, n'a rien d'imposant, rien de majestueux. La lumière de l'intelligence qui devrait transfigurer son visage, ne l'éclaire même pas ; les plis de la volonté qui devraient creuser son large front, y tracent à peine une ligne imperceptible. L'ensemble de la figure est massif, la bouche sans expression, l'œil sans éclair, la physionomie sans âme. L'attitude et le geste n'expriment point l'énergie du commandement ; il y a de la lourdeur dans le port de la tête et jusque dans la vigueur vulgairement martiale des traits. Ou l'artiste n'a point rendu son modèle, ou ce portrait n'est pas plus authentique que celui qu'on a exhibé, il y a quelques années, sous le nom de la belle Florica. Certes, si la jeune princesse roumaine avait ressemblé à ce portrait, l'empereur Rodolphe ne s'en serait pas subitement épris, au point d'avoir voulu, un moment, en faire une impératrice d'Allemagne. Espérons que ceux qui se livrent pieusement dans les bibliothèques et les musées à la recherche des reliques de la patrie, finiront par découvrir les véritables portraits de ces deux figures si belles et si vénérées dans le cœur de tout vrai Roumain.

✦✦

Le génie est souvent dans les souverains un don fatal pour le prince qui le reçoit, et pour la nation qu'il gouverne.

La postérité, qui ne voit que les actions illustres et l'éclat qui en rejaillit sur le pays, prodigue volontiers aux conquérants, heureux ou malheureux, des louanges banales, et une admiration qui ne lui coûte rien ; mais ils parlent d'un autre style, les contemporains qui ont eu à souffrir tous les abus de pouvoir des dictatures militaires, abus qu'entraîne inévitablement la guerre en permanence.

Tristes, bien tristes sont les tableaux que les historiens, ou plutôt les chroniqueurs de l'époque font de l'état de la Roumanie, à la mort de Michel le Brave ; elle avait payé cher l'auréole sanglante dont le héros avait ceint son noble front : des cités en ruines, des villages en cendres, des campagnes dévastées ou désertes ; tel était l'aspect que présentait la Roumanie en 1601. Il ne fallait rien moins, pour réparer de tels désastres, que les règnes de Serban I-er, de Mathieu Bassarabe, de Serban Cantacuzène et surtout de Constantin Brancovan. Ces princes, vraiment éminents et pleins de patriotisme, ne se bornèrent pas à cicatriser les plaies du passé, ils tracèrent aussi les voies à la civilisation de l'avenir et réalisèrent, sous tous les rapports, des progrès positifs, malgré les entraves sans nombre que leur suscitaient les exigences toujours plus grandes de la Turquie. Ces exigences poussées jusqu'à l'oppression la plus intolérable, forcèrent Serban Cantacuzène et C. Brancovan à renouveler le beau rêve de Michel le Brave, l'indépendance de la Roumanie. Cantacuzène mourut, heureusement pour lui, avant que sa généreuse entreprise n'eût été dénoncée à la Porte ; C. Bracovan n'eut pas la même chance. Trahi par ses conseillers les plus intimes, il fut lâchement livré, dans son propre palais, à un Capudgi-bacha, escorté d'une douzaine de sbires, traîné à Constantinople, et décapité avec tous ses fils et Jean Vacaresco, son ministre des finances.

Mais cette catastrophe aussi tragique que celle de Charles Ier en Angleterre et celle de Louis XVI en France, mérite d'être racontée en détail.

Constantin Brancovan régnait déjà depuis 25 ans, chose presque inouïe dans les annales roumaines où la plupart des voïvodes ont passé comme des fantômes sanglants, qui se poursuivent et s'arrachent la couronne les uns aux autres.

Sous ce long règne, de grandes améliorations avaient été opérées dans toutes les branches de l'administration. Les lois étaient observées, l'ordre et la sécurité faisaient partout sentir leur salutaire influence, l'agriculture florissait, le commerce était prospère ; le luxe s'introduisait dans les villes, l'aisance dans les campagnes, la magnificence à la cour. A cette prospérité matérielle inaccoutumée se joignaient d'heureux éléments de culture intellectuelle, premiers germes de civilisation, que devait bientôt arracher et jeter au vent la main rapace des Phanariotes.

Dans les premières années de son règne, Brancovan voyant la marée montante de l'oppression ottomane submerger, une à une, les dernières traces de l'indépendance roumaine, méditait, comme ses plus illustres prédécesseurs, l'affranchissement de son pays, tandis que, de leur côté, les sultans, les vizirs et leurs créatures en rêvaient l'entier asservissement, pour exploiter sans obstacle comme sans contrôle, *ce jardin et ce grenier de Stamboul*.

L'esprit ni les ressources de Constantin II n'étaient point au-dessous de la grande tâche qu'il s'était imposée, et aux difficultés de laquelle s'étaient brisés les héroïques efforts de Michel-le-Brave lui-même. Connaissant les Turcs, de longue main, possesseur d'immenses richesses, sagement accumulées d'année en année, malgré les extorsions et les exigences sans fin de la cour suzeraine ; assez habile pour intéresser à sa cause, tantôt l'Empire, tantôt la Russie, il pouvait, selon toutes les règles de la prudence humaine, calculer presque infailliblement ses chances de succès et de revers. Malheureusement les circonstances lui furent toujours défavorables. Déchu de ses espérances, du côté de l'Empire, par la paix de Karlovitz (1699), il s'était tourné vers la Russie, que Pierre-le-Grand venait de révéler à l'Europe ; mais la jalousie du prince de Moldavie, Cantimir, et le honteux traité du Pruth (1711) avaient fait échouer aussi de ce côté toute l'habileté de ses combinaisons.

Cependant la sublime Porte, informée par les espions qu'elle entretenait à Bucarest, des projets du prince roumain, avait résolu de le déposer, de s'emparer de sa personne et de le traîner à Constantinople, pour le traiter selon son bon plaisir. Mais Brancovan était si riche, son or lui faisait tant d'amis, au sein même du divan ; il envoyait aux vizirs, au sultan même de si magnifiques présents, qu'on ajournait sans cesse sa ruine. Il croyait lui-même avoir conjuré le danger, et, crédule à sa fortune, comme tous les hommes longtemps heureux, il resta sourd aux avertissements de ses amis et même aux pressentiments d'une de ses filles, qui, morte à la fleur de l'âge, avait eu, en expirant, l'épouvantable vision du martyre de son père et de ses frères.

Des accusations venues de Bucarest, des correspondances soustraites par les Cantacuzène, des plaintes, couvertes de fausses signatures, précipitèrent la catastrophe. Le 22 mars 1714, le Capudgi-bacha Moustafa arriva à Bucarest, muni d'un firman de destitution. Introduit au palais, avec une escorte de 12 *tchohodars*, secrètement armés de poignards et de pistolets, il déposa solennellement Brancovan dans la salle du Trône, en lui jetant sur l'épaule une sorte de voile noir, et en prononçant le terrible mot : « *Mazil* ! » (1). Le surlendemain eut lieu dans un semblant d'assemblée nationale, un semblant d'élection, et Etienne Cantacuzène, neveu du prince déchu, dont les intrigues avaient le plus contribué à cette révolution, fut proclamé prince, à la place de son oncle. L'envoyé turc fit faire à la hâte la cérémonie du sacre et repartit pour Constantinople, traînant à sa suite comme ses prisonniers, Constantin, sa famille et le ministre des Finances, Jean Vacaresco, le seul grand boyard qui lui fût resté fidèle. A leur arrivée à Stamboul, les captifs furent conduits au château des Sept-Tours, prison d'État, célèbre dans les annales turques par une multitude de drames sanglants.

C'était le seuil du supplice, et le supplice ne se fit pas attendre. Le sultan présidait lui-même à cette effroyable tragédie, où l'infortuné Brancovan, élevant son âme jusqu'au sublime des plus grands sentiments chrétiens, lava dans son sang toutes

---

1. Déposé.

les taches de sa vie. Par un raffinement de cruauté sauvage, après avoir longtemps torturé le père, en présence des enfants, on égorgea, l'un après l'autre, les quatre enfants sous les yeux du père. Chaque fois que la tête de l'un des jeunes princes allait tomber, le sultan lui offrait sa grâce, s'il consentait à embrasser le mahométisme, mais comme la noble mère des Machabées, l'héroïque père montrait le ciel à la victime, et le martyre s'accomplissait.

Lorsque vint son tour de présenter la tête au bourreau, il dit avec une pieuse résignation : « Si mon malheur me vient de Dieu, en punition de mes péchés, que sa volonté soit faite ; s'il me vient de mes ennemis, que Dieu leur pardonne. » Et sourd à la voix du Sultan, qui l'engageait encore à renier le Christ, les yeux levés au ciel, immobile comme s'il eût été sa propre statue, il attendit la mort. Achmet fit un signe, un éclair brilla, un jet de sang jaillit... L'âme de l'auguste vieillard était allée rejoindre celles de ses fils.

Restait une sixième victime, son unique petit-fils, encore tout enfant, lequel, éperdu d'épouvante, s'était réfugié dans la robe du Bostangi-Bacha. Celui-ci, qui avait été comblé de bienfaits par Brancovan, et qui présidait, malgré lui, à tous ces meurtres, osa prendre l'orphelin dans ses bras et implorer du regard la clémence du padischah. Le féroce Achmet regarda l'enfant, puis les cadavres, et fit un geste de grâce, en détournant la tête. Ainsi fut sauvé le dernier rejeton de l'illustre famille. Les têtes des cinq martyrs plantées, chacune, au bout d'une lance, furent promenées dans les rues de Stamboul, précédées de hérauts qui criaient : « Telle est la fin des traîtres. » Leurs corps, jetés à la mer, après le supplice, en furent retirés, à la nuit tombante, par des bateliers chrétiens, et secrètement enterrés au monastère de Halki, pauvre petite île de la mer de Marmara. Les nombreux domaines de Brancovan furent confisqués et ses richesses, presque fabuleuses, partagées entre le sultan et les auteurs de sa ruine.

Cette catastrophe, la plus terrible et la plus touchante qu'on trouve dans les annales roumaines, eut un immense retentissement, non-seulement dans la Principauté, mais même en Europe ; elle jeta dès lors un demi-jour sinistre sur l'irrémédiable barbarie ottomane, et fit rayonner sur la mémoire du malheureux Brancovan cette poétique auréole, qui environne d'un éclat immortel les grandes infortunes. Transmise de génération en génération, elle a passé de l'histoire dans la légende ; on la chante et on la raconte encore, du Danube aux Carpathes, dans les villes et les campagnes, aux plus humbles foyers de la Roumanie. De nos jours le poète moldo-roumain, M. B. Alexandri, en a fait le sujet d'une des plus pathétiques ballades de son beau recueil.

***

Mais ce grand coup frappé, la Porte comprit qu'elle n'avait plus rien à ménager, et que le temps était venu pour elle, d'exploiter à son gré les Principautés Danubiennes. Le même cimeterre qui avait tranché la tête de Brancovan, trancha, bientôt après, celle de son successeur. L'heure des Panariotes avait sonné, et cette heure dura plus d'un siècle ! Sous ces intendants-princes, sous ces fermiers taillables et corveables à merci, révocables et pendables à la minute, sous ces despotes esclaves, qu'un despote plus puissant élevait ou brisait à son gré, pour quelques *bourses* de plus ou de moins, la Roumanie retomba subitement dans un de ces gouffres de misère matérielle et morale, où l'on comprend qu'à l'échelle du malheur, on n'est jamais si bas qu'il ne reste quelque échelon à descendre. Tout périt bien souvent dans de tels gouffres ; croyance et loi, honneur et courage, patriotisme et patrie.

Mais le Roumain ne périt point !.... Comme le héros d'Homère, il a été trempé, en naissant, dans le Styx, et, comme le roseau de la fable, il plie et ne rompt pas.

Si, pendant cette terrible épreuve de plus de cent ans, la mobile physionomie des hautes classes a changé avec les gouvernements et les constitutions ; si les Phanariotes ont légué à leurs descendants, dont les familles existent encore, leur fourberie diabolique, leur insatiable rapacité, leur hideuse mauvaise foi ; le Roumain primitif, le paysan, c'est-à-dire le peuple, est resté roumain. Inaccessible aux influences des révolutions et des calamités héréditaires, sa physionomie, à lui, a gardé intacte la profonde empreinte du moule antique. Oui, si d'autres se sont faits phanariotes avec les Phanariotes, russes avec les Russes, allemands avec les Allemands ; les paysans sont restés roumains.

Dépouillés par le fisc, dépouillés par les Turcs ; dépouillés par des maîtres rendus impitoyables par les exigences d'un luxe barbare, et d'une corruption sans frein, dont les princes du Phanar leur donnèrent le fatal exemple ; traités comme des esclaves par tous les envahisseurs, ils sont restés roumains. Forcés maintes fois par la misère — et Dieu sait à quel point ils la supportent ! — à émigrer ou à se faire bandits, on les a toujours vus, au retour de temps meilleurs, tels qu'ils étaient partis : Roumains.

Même langage, même costume, mêmes mœurs ; une gravité plus sévère sur le front, une réserve plus défiante dans le regard, un sourire plus amer sur les lèvres ; voilà tout.

Invités, après tant de vicissitudes, à envoyer des représentants de leurs droits aux assemblées de 1848 et de 1857, plus d'un de leurs députés a parlé devant les Boyards et les Ministres, comme le *Paysan du Danube* devant le Sénat Romain.

Quel sera l'avenir de cette forte race, disséminée aujourd'hui de la Theiss et du Danube aux montagnes de la Macédoine et de la Thessalie? Dieu seul pourrait le dire.

Mais, après ce que la Providence a fait pour elle, depuis une quarantaine d'années, on ne doit pas désespérer même de voir les divers rameaux du chêne, si éparpillés à présent, reprendre un jour leur place primitive autour de son vieux tronc, pour reconstituer l'arbre majestueux, le noble roi des forêts.

. . . .

Evoquons ici un moment les ombres de cette centaine de princes, nationaux ou étrangers, qui se sont succédé sur le trône glissant de la Roumanie, depuis Rodolphe le Noir jusqu'à Grégoire IV Ghika.

Qu'il est grand le nombre des mauvais princes, des tyrans pervers, des despotes furieux ou insensés!

Qu'il est petit celui des bons, des justes, des bienfaiteurs de l'humanité !

Mais parmi ceux-ci se trouvent Rodolphe le Noir, l'habile fondateur, le sage organisateur politique, Mircea, l'énergique organisateur militaire, Rodolphe le Grand, l'intelligent réformateur religieux, Pierre-le-Bon, dont le surnom atteste les vertus; Michel le brave, son fils, le vainqueur de Calougarèni, le héros populaire, qui aurait fait de son pays un vaste État indépendant, si la trahison n'avait si prématurément tranché ses jours ; Mathieu Ier qui établit à Bucarest la première imprimerie, Serban II Cantacuzène, qui cicatrisa les plaies de la patrie et fut sur le point de réaliser son indépendance, Constantin Brancovan qui s'éleva au rang des martyrs par l'héroïsme de sa mort ; Grégoire IV Ghika qui inaugura l'ère de la résurrection nationale par un règne trop court auquel présidèrent constamment un zèle infatigable pour les intérêts du pays, un grand dévouement au bien public et une activité féconde en institutions réparatrices. Le prince Stirbey, l'habile et patriotique administrateur, Alexandre Couza enfin, l'énergique défenseur de l'Union, le restaurateur de nos droits.

Il a suffi de cette douzaine d'hommes illustres, ou de bonne volonté pour organiser, maintenir, retremper, relever de ses défaillances, sauver de ses naufrages, rendre indestructible enfin notre nationalité.

Honorons donc leur mémoire comme celle des Pères de la patrie, et élevons-leur dans nos cœurs un impérissable monument de piété filiale, en attendant que la reconnaissance publique orne de leurs statues les places de nos cités (1). Les grands souvenirs font les grands hommes. C'était dans la contemplation des images de leurs ancêtres que les Romains puisaient cet amour de la gloire et ce patriotisme, qui leur firent accomplir tant d'immortelles actions. A défaut d'images matérielles, nous aussi, derniers neveux du peuple-roi, contemplons nos aïeux dans l'éclatant miroir de l'histoire ; et, détournant nos regards de leurs fautes, qui furent souvent celle des circonstances, efforçons-nous, sinon d'égaler, au moins d'imiter leurs vertus ; ces vertus de courage, d'honneur, de dévouement, qui leur firent braver tant de périls, et donner même leur vie, pour

---

1. Ce vœu a été réalisé en 1875 pour Michel le Brave ; espérons que le tour des autres ne sera pas indéfiniment ajourné.

assurer à leurs descendants cet héritage sacré que nous recueillons aujourd'hui : la Religion du Christ dans laquelle ils sont morts, la patrie où reposent leurs cendres et l'indépendance nationale, que nous devons transmettre à nos enfants, intacte, telle que Dieu nous l'a enfin rendue par les mains de nos deux grandes aïeules latines, l'Italie et la France.

**

Mais en glorifiant les noms des hommes vénérés qui ont conservé ou glorifié la patrie, n'oublions pas ce qu'on oublie trop souvent dans l'histoire ; n'oublions pas de mentionner au moins quelques-unes des femmes illustres de nos annales.

Saluons d'abord l'héroïque mère d'Étienne le Grand, qui, voyant son fils se présenter, vaincu cette fois, aux portes de la forteresse de Néamzou, lui cria du haut des murailles, en étendant solennellement la main : « Je jure Dieu que ces portes ne s'ouvriront pour mon fils, que lorsqu'il retournera victorieux. »

Or, vous savez tous que cette sublime leçon de sa mère réveilla dans le cœur du prince Moldave ce généreux courage qui fait les héros, et que, suivi de ses compagnons d'armes, électrisés comme lui, par cette grande image de la patrie en deuil, Étienne rebroussa chemin, s'élança comme un lion sur ses ennemis, et gagna la célèbre bataille de Néamzou où 70,000 Turcs furent mis en déroute par 10,000 soldats chrétiens.

Saluons aussi cette noble Princesse, femme de Nègue Bassarabe, qui, toutes les autres ressources étant épuisées, vendit même ses bijoux et en offrit le prix à son mari, pour que ce prince, vraiment ami des arts, pût achever le plus beau monument de la Roumanie, la cathédrale d'Argesch.

Qui pourrait ne pas vénérer la mémoire de cette belle Florica, l'auguste compagne de Michel-le-Brave, qui, le cœur tremblant pour l'avenir, s'efforçait sans cesse de contenir, dans de justes bornes, l'ambition de son héroïque époux?

Qu'elles sont touchantes les paroles qu'elle lui adresse lorsqu'il part pour la conquête de la Transylvanie? Qu'elles sont nobles les larmes qu'elle verse, lorsqu'on apporte au vainqueur de Bathory la tête de cet infortuné Cardinal-Prince!

Quel pressentiment prophétique dans sa réponse à Michel, qui lui demandait la cause de ses larmes.

« Hélas! dit-elle, comment ne pleurerais-je pas, quand je songe qu'un pareil malheur peut vous arriver, à vous et à mon fils?... »

Nous n'en finirions pas, si nous voulions citer tous les beaux traits qui honorent les femmes dans l'histoire roumaine. C'est à elles, c'est à leur inspiration que remontent les plus belles actions des Roumains illustres; c'est sous leur influence que les lois, les mœurs, les caractères se sont adoucis; c'est à l'excellence de leurs goûts, à la supériorité de leur nature, à leurs aspirations pour tout ce qui est beau ou grand, que la Roumanie est redevable de marcher à la tête de la civilisation orientale, et de voir les salons de sa capitale le disputer d'élégance aux salons des plus renommées capitales de l'Occident.

Mais c'est surtout par leur charité vraiment chrétienne que les femmes roumaines se sont toujours distinguées; c'est à elles qu'on doit la plupart de ces magnifiques établissements de Bienfaisance, dont le pays était autrefois si riche; et, sans remonter si loin, c'est à trois princesses contemporaines, la princesse Élisabeth Stirbey, la princesse Couza, la Princesse

Régnante, que Bucarest doit trois institutions qu'on devrait bien imiter ailleurs : un Comité de Bienfaisance admirablement organisé, dont les membres sont des grandes dames qui rivalisent de bonté et de zèle pour secourir le malheur ; une école où les jeunes filles pauvres apprennent à devenir d'habiles et honnêtes ouvrières ; un Asile où des centaines d'orphelines trouvent un refuge pour leur enfance et une éducation assez complète pour assurer leur avenir.

Oh ! certes, ce sont là des actions qu'on ne saurait trop louer ni trop admirer ; il en est pourtant de plus admirables encore. Ce sont les dévouements obscurs, les sacrifices de tous les temps et de tous les jours ; ce sont les sacrifices et les dévouements de la mère, dans les familles indigentes, et dont une poétique légende nous offre le type navrant et charmant dans la Florica de *Manole Manoli*, le mystérieux architecte de la cathédrale d'Argesch, qui mure sa femme dans les fondements de son chef-d'œuvre. Florica, c'est la femme rivée à la base de l'édifice social, comme pour en assurer la durée ; elle a beau demander grâce, et crier que son sein pleure du lait, et que son enfant expire ; Manol, l'impitoyable Manol ferme les yeux à ses larmes, et les oreilles à sa prière ; et le mur monte, monte, monte, des pieds aux genoux de la pauvre jeune femme, et de ses genoux à son sein, et de son sein à sa poitrine, et de sa poitrine au-dessus de son front ; et le sublime sacrifice est consommé ; et la douce victime expire, en répétant à travers les parois de son humide tombeau :

« Manol, Manol ! ce mur est froid ! il me fait mal !
Et je ne suis pas seule à souffrir ce martyre ;
Mon sein pleure du lait ! notre enfançon expire !
Si tu m'aimes, Manol, cesse ce jeu fatal. »

Cette plainte de Florica, c'est celle de la femme partout et toujours dévouée, partout et toujours opprimée ; car l'homme lui a dit partout et toujours, dans sa conduite et dans ses lois, ce que le vainqueur dit au vaincu : « La force prime le droit. »

Et au nom de cette force, il l'a traitée dans l'antiquité et au moyen âge comme son esclave ; et aujourd'hui encore, quand il lui fait grâce de l'esclavage, c'est pour appesantir sur elle d'autres oppressions, qui rendent peut-être sa destinée encore plus déplorable. Mais plus son maître et seigneur l'abaisse et la condamne à l'humiliation, plus son besoin d'amour, de dévouement et de sacrifice la relève et l'ennoblit. Plus elle a souffert, plus elle cherche à souffrir, tantôt pour un père, tantôt pour un époux, ici pour la famille, là pour la patrie !

Et telle est la vertu de ses souffrances, de son dévouement et de son amour, que père, époux, enfants, patrie, tout vit, tout grandit, tout se soutient, tout marche vers l'idéal rêvé, sous cette sainte et salutaire influence.

Les anciens, dans leurs ingénieuses fables symboliques, ont accumulé sur Psyché toutes les infortunes humaines : l'abandon, la calomnie, l'injure, la misère, l'esclavage, pour mieux faire éclater dans ce divin type de la beauté toutes les perfections de la femme.

En effet, Psyché, victorieuse enfin de toutes les épreuves, s'élève, rayonnante d'immortalité, des ténèbres de la Terre vers les splendeurs de l'Olympe, où, pour la récompenser de tout ce qu'elle a souffert, Jupiter lui donne pour époux, *Eros*, son immortel amant.

Nous aussi, dans nos légendes chrétiennes, nous avons créé un type adorable de toutes les vertus, de toutes les perfections féminines, dans la mère du divin martyr du Calvaire. Marie, le poétique lys d'Israël, est aussi condamnée, comme Psyché, à passer par toutes les épreuves, et comme Psyché, elle en sort triomphante et immortelle. Messagers de son divin fils, les anges la transportent au Ciel, dont elle devient la reine et la plus belle étoile. En effet, ce n'est pas trop du Ciel, pour dédommager la femme de ses souffrances terrestres, et la récompenser, selon ses mérites, comme mère, comme épouse, comme sœur.

TABLE DES MATIÈRES

Préface.	v
Origine des vers.	1
La Cathédrale d'Argis.	3
Bogdan.	20
Le Voile et l'Anneau	26
Groué Grozovan.	35
Hadgi Novak.	44
Le Pauvre Serbe.	52
Chalga.	58
Le Paon des Forêts.	64
Boujor.	69
Kira.	83
Mikou.	90
Constantin Brancovan	98
Hedwige la Maghiare.	103
La Doïne.	113
Maritzica et Zoïtza.	116
Le Guerrier et la jeune Fille	120
Le Vœu d'une Roumaine	123
Le Petit Oiseau.	125
La Kora.	127
Sbouratoroul	131

TABLE DES MATIÈRES

Zamfire. 134
La Nonne et le Brigand. 140
Cinel-Cinel. 148
Une jeune Roumaine à sa figure. 151
Miorltza 153
Le Pêcheur du Bosphore 158
Le Rêve 16
Pensées et Proverbes. 170
A Constantinople 173
Ne désespérez pas 180
Les Sauterelles 183
Un Caprice de Vénus 187
Discours-Conférence sur l'Histoire roumaine. 218

Imp. A. DERENNE, Mayenne. — Paris, boul. Saint-Michel, 52.

ERRATA

Page 59, vers 2. Au lieu de leur *rang*, lisez : leur sang.

Même page, vers 13. Au lieu de *encore*, lisez : encor.

Page 87, dernier vers. Au lieu de *eu* pierre, lisez : en pierre.

Page 84, vers 13. Au lieu de il *s'énivre*, lisez : il s'enivre.

www.ingramcontent.com/pod-product-compliance
Lightning Source LLC
Chambersburg PA
CBHW050344170426
43200CB00009BA/1725